Dragomir Krastev

Współpraca w dziedzinie polityki kryminalnej

Dragomir Krastev

Współpraca w dziedzinie polityki kryminalnej

W realizacji UE

Wydawnictwo Bezkresy Wiedzy

Cover image: www.ingimage.com

Publisher:
Wydawnictwo Bezkresy Wiedzy
is a trademark of
International Book Market Service Ltd., member of OmniScriptum Publishing Group
17 Meldrum Street, Beau Bassin 71504, Mauritius

Printed at: see last page
ISBN: 978-620-2-44844-4

Drogi czytelniku,

książka, którą posiadasz, została pierwotnie wydana pod tytułem "Cooperation in the field of criminal policy in realization the EU",
ISBN 978-620-2-31736-8.

Jego publikacja w języku polskim jest możliwa dzięki zastosowaniu najbardziej zaawansowanej sztucznej inteligencji dla języków.

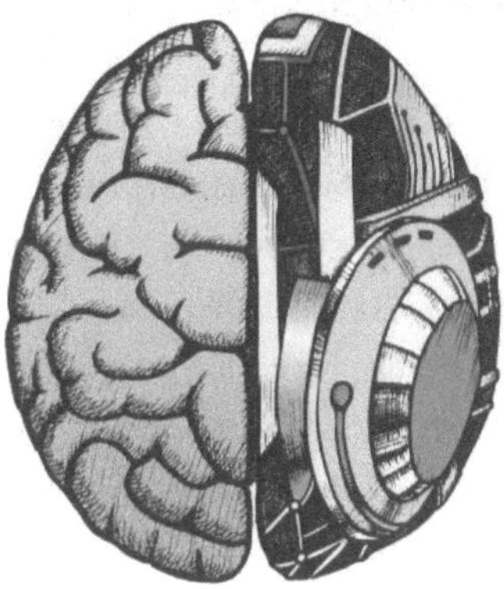

Technologia ta, uhonorowana pierwszą w historii Honorową Nagrodą Sztucznej Inteligencji w Berlinie we wrześniu 2019 r., naśladuje sposób działania ludzkiego mózgu, dzięki czemu jest w stanie uchwycić i przetłumaczyć nawet najmniejsze niuanse w bezprecedensowy sposób.

Mamy nadzieję, że znajdą Państwo wiele satysfakcji z tej książki i uprzejmie prosimy o uwzględnienie wszelkich rozbieżności językowych, które mogłyby wyniknąć z tego procesu.

Miłego czytania!

Wydawnictwo Bezkresy Wiedzy

WSPÓŁPRACA W DZIEDZINIE POLITYKI KRYMINALNEJ W REALIZACJI UNII EUROPEJSKIEJ

WPROWADZENIE

Obecny etap integracji międzynarodowej w ramach UE w drugiej dekadzie XXI wieku charakteryzuje się już ukształtowanymi jednolitymi granicami oraz systemem wizowym i celnym, ale także wciąż niewystarczającą jednorodnością gospodarczą i społeczno-polityczną wśród państw członkowskich, których łączna liczba ludności wynosi około 450 000 000 mieszkańców.

Zniesienie kontroli transgranicznej i celnej na granicach wewnętrznych państw członkowskich zostało z powodzeniem wykorzystane przez przestępczość zorganizowaną do rozprzestrzeniania swojej działalności na terytorium kilku państw. Wszystkie te negatywne zdarzenia muszą zostać zdecydowanie odparte i wymagają szybkich, odpowiednich i skoordynowanych środków ze strony właściwych organów odpowiedzialnych we wszystkich państwach członkowskich przeciwko naruszaniu porządku, bezpieczeństwa i porządku na ich terytorium.

Przestępstwa, które dotyczą zarówno krajowego, jak i międzynarodowego porządku prawnego, są przestępstwami o charakterze międzynarodowym i uznawane są za przestępstwa o wyjątkowo wysokim stopniu zagrożenia publicznego.

W swojej treści międzynarodowa współpraca policyjna i sądowa obejmuje skoordynowane działania prowadzone przez państwa członkowskie na podstawie istniejących przepisów prawa krajowego lub wspólnotowego, wzajemną pomoc zainteresowanych stron, głównie organów ścigania w celu zapobiegania, wykrywania i ścigania przestępstw, które dotyczą interesów kilku państw lub całej Wspólnoty Europejskiej, a także wykonywanie kary i traktowanie przestępców.

Pod koniec pierwszej dekady XXI w. odnotowano jedną znaczącą tendencję, która wzbudziła większe zainteresowanie naukowe i praktyczne, a mianowicie próby ustanowienia jednolitego mechanizmu regulacji prawa karnego oraz jednolitego obszaru sądowego i porządku wewnętrznego w UE. Sfera ta jest tradycyjnie uznawana za prerogatywę i kwestię spraw wewnętrznych państw członkowskich, ale biorąc pod uwagę obecną organizację UE, po traktacie lizbońskim możemy mieć nadzieję, że będziemy mogli mówić o tworzeniu nowego, wspólnotowego systemu prawnego, opartego na zasadach prymatu prawa i bezpośredniego funkcjonowania własnych norm prawnych. Wprowadzenie ich w życie jest możliwe właśnie dzięki ogólnoeuropejskiemu systemowi instytucji i organów wykonawczych, których decyzje są wiążące dla obywateli i osób prawnych państw członkowskich.

Należy zatem mówić o osiągnięciu jasno określonego systemu karnego UE oraz o koncepcji zintegrowanego systemu wymiaru sprawiedliwości w sprawach karnych w UE, który zawiera element regulacyjny, instytucjonalny i empiryczny.

Pierwszy element obejmuje prawo karne materialne, postępowanie karne i egzekwowanie prawa karnego.

Drugi element obejmuje europejskie struktury władzy - w szczególności służby policyjne, prokuraturę, sądy i biura administracji więziennej.

Trzecim elementem jest praktyka określania rodzaju i zakresu kar oraz wykonywania wyroków.

Instytucje europejskie rozważają również przyjęcie administracyjnego podejścia do zapobiegania i zwalczania przestępczości zorganizowanej, uzupełniającego system karny, w celu sprostania nowym wyzwaniom, jakie stwarzają elastyczne struktury przestępczości zorganizowanej w stosunku do tradycyjnych postępowań.

1. "ŹRÓDŁO PRAWA" KATEGORIA

Pod koniec XX wieku i na początku XXI wieku procesy globalizacji doprowadziły do istotnych zmian w prawie i jego źródłach. Nowe źródła prawa - konstytucje i traktaty międzynarodowe - odgrywają coraz ważniejszą rolę w prawie. Względna waga prawa stworzonego na poziomie ponadnarodowym rośnie. Prawo międzynarodowe włącza się do krajowych systemów prawnych i ma pierwszeństwo przed prawem krajowym.

Jednocześnie prawo pisane jest "klonowane" w przestrzeni cyfrowej, tworząc ostateczną dostępność z dowolnego miejsca na świecie. Można założyć, że w przyszłości cyfryzacja źródeł prawa doprowadzi do znacznego zmniejszenia ich narodowej i kulturowej specyfiki i ograniczeń.

Źródła prawa oznaczają źródła, z których pochodzi prawo lub obowiązujące zasady postępowania człowieka. Innymi słowy, prawo pochodzi ze źródeł. Juriści mają różne poglądy na temat pochodzenia i źródeł prawa, podobnie jak na temat definicji prawa. Ponieważ termin "prawo" ma kilka znaczeń, eksperci prawni podchodzą do źródeł prawa pod różnymi kątami. Na przykład, Austin uważa suwerenność za źródło prawa, podczas gdy Savigny i Henry Maine uważają zwyczaj za najważniejsze źródło prawa. Szkoła prawa naturalnego uważa naturę i ludzki rozum za źródło prawa, natomiast teologowie uważają pisma religijne za źródła prawa. Chociaż istnieją różne roszczenia i kontrprawodawstwa dotyczące źródeł prawa, prawdą jest, że w prawie wszystkich społeczeństwach prawo pochodzi z podobnych źródeł.

KLASYFIKACJA ŹRÓDEŁ PRAWA

Formalne źródła prawa:

To są źródła, z których prawo czerpie swoją moc i ważność. Alaw uchwalony przez państwo lub suwerenność należy do tej kategorii.

Materialne źródła prawa:

Odnosi się do materiału prawniczego. Mówiąc prosto, chodzi o to, skąd wzięły się prawa. Cła należą do tej kategorii prawa.

Jeśli jednak rozejrzymy się dookoła i zbadamy współczesne systemy prawne, można zauważyć, że większość systemów prawnych opiera się na prawodawstwie. Jednocześnie prawdą jest, że czasami zwyczaje odgrywają znaczącą rolę w systemie prawnym danego kraju. W niektórych systemach prawnych decyzje sądowe są wiążące jako prawo.

Istnieją trzy główne źródła prawa, które można zidentyfikować w każdym nowoczesnym społeczeństwie są następujące:

-Custom

-precedens sądowy

-Legislation

1.1 ZWYCZAJ JAKO ŹRÓDŁO PRAWA

Zwyczaj można po prostu wytłumaczyć jako te od dawna utrwalone praktyki lub niepisane zasady, które nabrały wiążącego lub obowiązkowego charakteru. W starożytnych społeczeństwach zwyczaj był uważany za jedno z najważniejszych źródeł prawa; w rzeczywistości był uważany za prawdziwe źródło prawa. Wraz z upływem czasu i pojawieniem się nowoczesnej cywilizacji, znaczenie zwyczaju jako źródła prawa zmalało, a inne źródła, takie jak precedensy sądowe i ustawodawstwo, zyskały na znaczeniu.

Nie ma wątpliwości co do tego, że zwyczaj jest ważnym źródłem prawa. Ogólnie rzecz biorąc, istnieją dwa poglądy, które przeważają w tym względzie w kwestii tego, czy zwyczaj jest prawem. Juriści tacy jak Austin sprzeciwili się zwyczajowi jako prawu, ponieważ nie wynikał on z woli władcy. Juriści tacy jak Savigny uważają zwyczaj za główne źródło prawa. Według niego prawdziwym źródłem prawa jest wola ludu, a nie wola władcy. Wola ludzi zawsze znajdowała odzwierciedlenie w zwyczajach i tradycjach społeczeństwa. Zwyczaj jest więc głównym źródłem prawa.

Rodzaje służb celnych

Urzędy celne można zasadniczo podzielić na dwie klasy:

Cła bez sankcji:

Te rodzaje zwyczajów nie mają charakteru obowiązkowego i są przestrzegane ze względu na opinię publiczną.

Celnicy z sankcjami:

Te zwyczaje mają charakter wiążący i są egzekwowane przez państwo. Zwyczaje te mogą być dalej podzielone na następujące kategorie:

-• **Zwyczaj prawny:**

Zwyczaj prawny jest zwyczajem, którego władza jest bezwzględna; posiada on moc prawną. Jest ona uznawana i egzekwowana przez sądy. Zwyczaj prawny może być dalej podzielony na dwa następujące rodzaje:

-• **Główny Urząd Celny:**

Te rodzaje zwyczajów przeważają na całym terytorium państwa.

-• **Miejscowe służby celne:**

Lokalne zwyczaje mają zastosowanie do części państwa lub konkretnego regionu kraju.

-• **Konwencjonalne cło:**

Zwyczaje konwencjonalne są wiążące dla stron umowy. W przypadku gdy dwie lub więcej osób zawiera porozumienie związane z daną działalnością handlową, domniemywa się zgodnie z prawem, że zawierają one umowę zgodnie z ustaloną konwencją lub korzystają z tej działalności. Na przykład umowa pomiędzy wynajmującym a najemcą dotycząca płatności czynszu będzie regulowana przez konwencję obowiązującą w tym zakresie.

Istotne elementy ważnego zwyczaju

Wszystkie zwyczaje nie mogą być akceptowane jako źródła prawa, ani nie mogą być uznawane i egzekwowane przez sądy. Prawnicy i sądy ustanowiły pewne istotne kryteria, aby obyczaje były uznawane za ważne źródła prawa. Testy te są podsumowane w następujący sposób:

Starożytność:

Aby obyczaje były prawomocne, powinny istnieć od dawna, nawet poza ludzką pamięcią. W Anglii, rok 1189, czyli okres panowania Ryszarda I Króla Anglii, został ustalony dla określenia ważności ceł.

Ciągle:

Zwyczaj, który ma być ważny, powinien być w ciągłej praktyce. Musiało się to cieszyć bez żadnych przerw. Długie interwały i zakłócona praktyka zwyczaju budzą wątpliwości co do jego ważności.

Ćwiczony w słusznej sprawie:

Zwyczajami należy się cieszyć w sposób otwarty i z wiedzą społeczności. To nie powinno było być praktykowane potajemnie. Acustom musi zostać udowodnione, że ma rację. Zwykłe wątpliwe skorzystanie z prawa nie wystarcza, aby roszczenie zostało uznane za ważny zwyczaj.

Rozsądek:

Zwyczaj musi być zgodny z normami sprawiedliwości i użyteczności publicznej. Zwyczaj, aby był ważny, powinien być oparty na racjonalności i rozsądku. Jeśli zwyczaj może powodować więcej niedogodności i złośliwości niż wygoda, taki zwyczaj nie będzie ważny.

Moralność:

Zwyczaj, który jest niemoralny lub sprzeczny z porządkiem publicznym, nie może być ważnym zwyczajem. Sądy uznały wiele zwyczajów za nieważne, ponieważ były one praktykowane w celach niemoralnych lub były sprzeczne z porządkiem publicznym.

Status w odniesieniu do:

W każdym nowoczesnym państwie, gdy wprowadzane jest nowe ustawodawstwo, jest ono na ogół preferowane od zwyczaju. W związku z tym konieczne jest, aby nie sprzeciwiać się zwyczajowi lub być sprzecznym z prawodawstwem. Wiele zwyczajów zostało uchylonych przez ustawy uchwalone przez organy ustawodawcze. Na przykład, zwyczajowa praktyka zawierania małżeństw przez dzieci została uznana za przestępstwo.

1.2 PRECEDENS SĄDOWY JAKO ŹRÓDŁO PRAWA

Mówiąc prościej, precedens sądowy odnosi się do wcześniej wydanych wyroków sądów wyższych, takich jak Sądy Najwyższe i Sąd Najwyższy, których sędziowie są zobowiązani przestrzegać. Ten wiążący charakter wcześniej rozstrzyganych spraw jest ważny, biorąc pod uwagę hierarchię sądów ustanowioną przez systemy prawne danego kraju. Precedens sądowy jest ważnym źródłem prawa, ale nie jest on ani tak nowoczesny jak prawodawstwo, ani tak stary jak zwyczaj. Jest to ważna cecha zarówno angielskiego systemu prawnego, jak i innych krajów common law, które stosują się do angielskiego systemu prawnego. W większości rozwiniętych systemów prawnych, sądownictwo jest uważane za ważny organ państwa. W nowoczesnych społeczeństwach prawa są na ogół przyznawane obywatelom przez ustawodawstwo, a główną funkcją sądownictwa jest orzekanie w sprawie tych praw. Sędziowie decydują o tych sprawach w oparciu o ustawodawstwo i obowiązujący zwyczaj, ale jednocześnie odgrywają rolę twórczą, dokonując wykładni prawa. W ten sposób ustanawiają one nowe zasady i przepisy, które są na ogół wiążące dla sądów niższego szczebla w ramach systemu prawnego. Ważne jest, aby zrozumieć, w jakim stopniu sądy kierują się precedensami. Równie ważne jest zrozumienie, co tak naprawdę stanowi orzeczenie sądowe w danej sprawie i która jego część jest faktycznie wiążąca dla sądów niższych instancji.

Decyzje sądowe można podzielić na dwie następujące części:

Ratio decidendi (Uzasadnienie decyzji):

Ratio decidendi" odnosi się do wiążącej części wyroku. Ratio decidendi" oznacza dosłownie uzasadnienie decyzji. Uznaje się, że jest to ogólna zasada wywiedziona przez sądy z okoliczności faktycznych konkretnej sprawy. Staje się ona ogólnie wiążąca dla sądów niższych instancji w przyszłych sprawach dotyczących podobnych kwestii prawnych.

Obiter dicta (przy okazji):

Obiter dictum" odnosi się do tych części orzeczeń sądowych, które są ogólnymi uwagami sędziego i nie mają żadnej wiążącej mocy prawnej. Jednakże obiter dictum wyższego sądownictwa jest podawany z uwagi na uwzględnienie przez sądy niższe i ma wartość przekonującą.

1.3 PRAWODAWSTWO JAKO ŹRÓDŁO PRAWA

W dzisiejszych czasach ustawodawstwo jest uważane za najważniejsze źródło prawa. Termin "ustawodawstwo" wywodzi się od łacińskiego słowa "legislation", które oznacza "prawo" i latum, które oznacza "zrobić" lub "ustawić". Dlatego też słowo "ustawodawstwo" oznacza "stanowienie prawa".

Znaczenie prawodawstwa jako źródła prawa można zmierzyć na podstawie tego, że jest ono poparte władzą suwerenną oraz że jest bezpośrednio wprowadzane w życie i uznawane przez państwo. Wyrażenie "ustawodawstwo" zostało użyte w różnych znaczeniach. Obejmuje ona każdą metodę stanowienia prawa. W ścisłym tego słowa znaczeniu oznacza to prawa uchwalone przez suwerena lub jakąkolwiek inną osobę lub instytucję przez niego upoważnioną.

Rodzaje prawodawstwa

Rodzaje aktów prawnych można wyjaśnić w następujący sposób:

Prawodawstwo Najwyższe:

Kiedy prawo jest uchwalane bezpośrednio przez suwerennego, jest ono uważane za ustawodawstwo nadrzędne. Jedną z cech ustawodawstwa Najwyższego jest to, że żadna inna władza poza samym suwerenem nie może go kontrolować ani sprawdzać. Ustawy uchwalone przez parlament brytyjski należą do tej kategorii, ponieważ parlament brytyjski jest uważany za suwerenny.

Prawodawstwo podporządkowane:

Ustawodawstwo podporządkowane to ustawodawstwo, które jest tworzone przez każdą władzę, która jest podporządkowana władzy zwierzchniej lub suwerennej. Jest on uchwalany z upoważnienia suwerennego. Pochodzenie, ważność, istnienie i dalsze obowiązywanie takich przepisów zależy całkowicie od woli suwerennej władzy. Ustawodawstwo podporządkowane można ponadto podzielić na następujące rodzaje:

Prawo autonomiczne:

W przypadku, gdy grupie osób uznanych lub utworzonych na mocy prawa jako autonomiczny podmiot, przyznaje się uprawnienia do ustanawiania zasad i regulacji, prawa ustanowione przez taki podmiot podlegają autonomicznemu prawu. Do tej kategorii należą na przykład przepisy tworzone przez takie organy jak uniwersytety, spółki kapitałowe itp.

Przepisy sądowe:

W niektórych krajach sądownictwu przyznaje się uprawnienia do stanowienia przepisów dotyczących ich procedur administracyjnych. Sąd Najwyższy i Wysokie Sądy uzyskały tego rodzaju uprawnienia do regulowania procedur i administracji.

Lokalne prawa:

W niektórych krajach organy lokalne są uznawane i otrzymują uprawnienia do stanowienia prawa. Są oni uprawnieni do ustanawiania przepisów prawa w swoich jurysdykcjach. Przyjęte przez nie zasady i regulaminy są przykładami praw lokalnych.

Prawo kolonialne:

Prawa tworzone przez kraje kolonialne dla ich kolonii lub krajów przez nie kontrolowanych znane są jako prawa kolonialne. Od dawna jednak, ponieważ większość krajów świata uniezależniła się od potęg kolonialnych, ustawodawstwo to traci na znaczeniu i może nie zostać uznane za swego rodzaju ustawodawstwo.

Prawa ustanowione przez Zarząd:

Prawa mają być uchwalane przez władcę, a suwerenność może być nadana jednej władzy lub rozdzielona między różne organy państwa. W większości współczesnych państw suwerenność jest na ogół podzielona pomiędzy trzy organy państwa. Trzy organy państwa - władza ustawodawcza, wykonawcza i sądownicza - mają trzy różne funkcje. Główna odpowiedzialność za stanowienie prawa spoczywa na ustawodawcy, podczas gdy władza wykonawcza jest odpowiedzialna za wdrażanie ustaw uchwalonych przez ustawodawcę. Prawodawca przekazuje jednak część swoich uprawnień prawodawczych organom wykonawczym, które są również nazywane przepisami delegowanymi. Ustawodawstwo delegowane jest również klasą ustawodawstwa podporządkowanego. W państwach opiekuńczych i nowoczesnych, ilość przepisów prawnych zwiększyła się wielorako i nie jest możliwe, aby organy ustawodawcze przechodziły przez wszystkie szczegóły prawa. Dlatego też dotyczy ona jedynie zasadniczej części prawodawstwa, a władzy wykonawczej pozostawiono dużą swobodę w wypełnianiu luk. Ta rosnąca tendencja w zakresie delegowania prawa była krytykowana. Jednak ze względu na brak czasu, względy techniczne prawa i sytuacje nadzwyczajne stosuje się przepisy delegowane. Dlatego też ustawodawstwo delegowane jest czasami uważane za zło konieczne.

PODSUMOWANIE

Prawo i system prawny są bardzo ważne w każdej cywilizacji. We współczesnych czasach nikt nie wyobraża sobie społeczeństwa bez prawa i systemu prawnego. Prawo jest ważne nie tylko dla uporządkowanego życia społecznego, ale także dla samego istnienia ludzkości. Dlatego ważne jest, aby wszyscy rozumieli znaczenie prawa.

Pod koniec XX wieku i na początku XXI wieku procesy globalizacji doprowadziły do istotnych zmian w prawie i jego źródłach. Nowe źródła prawa - konstytucje i traktaty międzynarodowe - odgrywają coraz ważniejszą rolę w prawie.

Jednocześnie prawo pisane jest "klonowane" w przestrzeni cyfrowej, tworząc ostateczną dostępność z dowolnego miejsca na świecie. Można założyć, że w przyszłości cyfryzacja źródeł prawa doprowadzi do znacznego zmniejszenia ich narodowej i kulturowej specyfiki i ograniczeń (Bekariya, 1993a, s.32; Bogdanovskaya, 1993b, s.32; Boychev, 2009, ss.396-416).Buzov, 2010a, s.52; Czernichenko, 1999, s.290; Cruz, 1993s, s.62; David, 1996; Mac Carmick, Summers, 1997a, s.533; Manev, 2015, s.71; Milkova, 2002a, ss.180-182; Monteskyo, 1984, ss. 227-228; Pavlova, 1995a, ss.76-80; Smilkov, 2011, ss. 18-19; Stalev, 1997b, komuś

7; Stalev, 1997c; Spiridonov, 1995b, s. 92; Stoychev, 2002b, s. 46; Tashev, 2001, s. 165-170; Tashev, 2010b, s. 21; Tunkin, 1986, s. 43).

LISTA REFERENCYJNA

Bekariya, Ch. (1993a). Za prestapleniyata i nakazaniyata, Varna, s.32.

Bogdanovskaya, I. (1993b). Pretsedentnoe pravo, M., s. 32.

Boychev, G. (2009). Pravniyat institutsionalizam. Metodologiya na yurisprudentsiyata. S., s. 396-416.

Buzov, V. (2010a). Filosofiya na pravoto i pravna logika v globalnata epoha, VT, s. 52.

Chernichenko, S. (1999). Teoriya mezhdunarodnogo prava T.2. M., s.290.

Cruz, P. (1993s). Nowoczesne prawo porównawcze Aprouch tu. Boston, s. 62.

David, R. (1996). Osnovnie pravovie sistemi sovremennosti / 3. David, K. Zhof-fre-Spinozi. - M. : Mezhd. Otnosheniya.

Mac Carmick, D., Summers, R. (1997a). Tłumaczenie Precedensów. A Comparative Study, Sydney, s. 533.

Manev, N. (2015). Teoriya na nakazatelnoto pravorazdavane, S., s.71.

Milkova, D. (2002a). Yuridicheska tehnika, S., ss. 180-182.

Monteskyo, Sh. (1984). Za duha na zakonite. Glava VI, S., ss. 227-228.

Pavlova, M. (1995a). Grazhdansko pravo, Obshta chast, T.1, S., ss. 76-80.

Smilkov, K. (2011). Vlastta i Chovekat. Izsledvane na vlastoviya opit, Varna, ss. 18-19.

Stalev, Zh. (1997b).Sadebnata praktika kato iztochnik na pravo Savremenno pravo, №6, s.7.

Stalev, Zh. (1997c). Normativnata sila na fakticheskoto. S.

Spiridonov L.I. (1995b). Teoriya gosudarstva i prava. Sankt-Peterburg, s. 92.

Stoychev, St. (2002b). Konstitutsionno pravo, S., s. 46.

Tashev, R. (2001). Teoriya na talkuvaneto, S., ss. 165-170.

Tashev, R. (2010b).Obshta teoriya na pravoto. Osnovni pravni ponyatiya,

Sofiya, s. 21.

Tunkin, G. (1986). Mezhdunarodno pravo, S., s.43.

2. ŹRÓDŁA PRAWA UNII EUROPEJSKIEJ

Prawo UE stanowi odrębne ramy prawne, różniące się od prawa międzynarodowego i zintegrowane z systemami prawnymi państw członkowskich. Ramy prawne Unii opierają się na autonomicznych źródłach prawnych. Odmienny charakter tych źródeł wymaga wprowadzenia hierarchii pomiędzy nimi. Na pierwszym planie znajduje się prawo pierwotne zapisane w traktatach oraz ogólne zasady prawa, którymi kierują się traktaty międzynarodowe zawarte przez Unię oraz prawo wtórne oparte na traktatach.

Unia Europejska ma swoje początki we wspólnotach utworzonych po II wojnie światowej, które miały na celu stworzenie trwałego pokoju. Na przestrzeni lat UE powiększyła się do 27 państw członkowskich. Państwa członkowskie pozostają niezależnymi, suwerennymi narodami, chociaż łączą tę suwerenność, aby zyskać siłę w pewnych obszarach i zdobyć wpływy na świecie. Państwa członkowskie delegują pewne uprawnienia decyzyjne do wspólnych instytucji Prawo UE ma pierwszeństwo przed prawem brytyjskim - tam, gdzie prawo UE i prawo krajowe są ze sobą sprzeczne, prawo UE będzie miało pierwszeństwo. Prawo UE może mieć również skutek bezpośredni, jeżeli spełnia odpowiednie kryteria. Oznacza to, że daje on osobom fizycznym i organom państwowym prawa i obowiązki, które mogą być egzekwowane przed sądami krajowymi.

-Traktaty UE, w szczególności Traktat o Unii Europejskiej (TUE) i Traktat o funkcjonowaniu Unii Europejskiej (TFUE).

-Ustawodawstwo wtórne tworzone na mocy traktatów UE.

-prawo miękkie" obejmujące niewykonalne prawnie instrumenty, które mogą pomóc w interpretacji lub stosowaniu prawa UE.

-Powiązane traktaty zawarte między państwami członkowskimi.

- Traktaty międzynarodowe negocjowane przez Unię w ramach uprawnień przyznanych jej w traktatach UE.

-Decyzje Trybunału Sprawiedliwości Unii Europejskiej (w tym Sądu).

- Ogólne zasady prawa i prawa podstawowe, na których opierają się prawa konstytucyjne państw członkowskich.

2.1 Prawodawstwo pierwotne: Traktaty

UE rozwinęła się poprzez przyjęcie i ratyfikację traktatów. Stanowią one podstawowe zasady, na których opiera się prawo europejskie, traktaty określają szerokie ramy i ustanawiają podstawowe pojęcia prawne. Traktaty tworzą, nadają uprawnienia i nakładają ograniczenia na uprawnienia instytucji. Wszystkie traktaty są na ogół uznawane za mające bezpośrednie zastosowanie - stają się automatycznie częścią prawa brytyjskiego bez konieczności uchwalania dalszych aktów prawnych.

Głównymi traktatami UE są: Traktat o Unii Europejskiej (TUE) oraz Traktat o funkcjonowaniu Unii Europejskiej (TFUE). TFUE był wcześniej nazywany Traktatem WE, który został przemianowany na Traktat z Lizbony (ToL), gdy wszedł w życie 1 grudnia 2009 roku. ToL zmienił TUE i TFUE. Artykuł 1 TUE (zmieniony przez Regulamin) stanowi obecnie, że TUE i TFUE stanowią traktaty, na których opiera się Unia. Przed wejściem w życie ZWZ powszechne było odwoływanie się nie tylko do Unii Europejskiej, ale także do Wspólnoty Europejskiej. ToL zmienił jednak TUE, stanowiąc, że Unia zastępuje Wspólnotę i jest jej następcą prawnym (art. 1 TUE). W całym TFUE słowo "Wspólnota" zostało zastąpione słowem "Unia". W związku z tym poniższe terminy nie są już używane: Wspólnota Europejska; Wspólnoty Europejskie; lub prawo wspólnotowe. Odnosi się to wyłącznie do prawa Unii Europejskiej (lub Unii) oraz prawa Unii Europejskiej (lub prawa Unii). Numeracja artykułów w ramach TUE i TFUE została zmieniona przez ZWZ w ramach procesu upraszczania. Traktat z Amsterdamu zmienił numerację postanowień TUE i Traktatu WE z chwilą jego wejścia w życie w dniu 1 maja 1999 r. Zmiana numeracji TUE i TFUE przez ToL następuje zatem po raz drugi. Na początku tej książki opublikowano dwie tabele równoważności. Pierwsza tabela odnosi się do zmiany numeracji dokonanej przez ZWZ, a druga do zmiany numeracji dokonanej przez ZWZ. Przy odwoływaniu się do orzecznictwa, prawodawstwa i dokumentów UE należy zachować ostrożność, aby zapewnić odróżnienie starej numeracji (tj. przed zawarciem umowy i przed zawarciem umowy) od numeracji stosowanej po zawarciu umowy i po zawarciu umowy. Zmiana numeracji ToL weszła w życie z dniem 1 grudnia 2009 roku. Przez pewien czas trzeba będzie mieć świadomość zarówno starej, jak i nowej numeracji. Kolejne rozdziały tej książki oparte są na nowych (po Traktacie) numerach traktatu, ale w stosownych przypadkach znajdują się odniesienia do starych numerów traktatu (przed Traktatem). TUE i TFUE stanowią "konstytucję" Unii Europejskiej, a zatem są ważnym źródłem prawa unijnego. Chociaż nie mają one na celu stworzenia konstytucji kraju związkowego, pod pewnymi względami mają taki skutek. Taką interpretację TFUE przedstawił Trybunał Sprawiedliwości.

Mimo że pełnią one wiele funkcji konstytucji dla Unii, to jednak traktaty UE wciąż daleko im do stworzenia państwa federalnego. Mimo że prawo UE przeważa w państwach członkowskich, Unia jest uzależniona od wdrożenia go przez sądy krajowe i organy ścigania. Traktaty UE najbardziej przypominają konstytucję w sposobie, w jaki określają kompetencje samej Unii i każdej z jej części składowych oraz, w mniejszym stopniu, prawa jej obywateli. Chociaż traktaty nie zawierają pełnego katalogu praw obywatelskich, przyznają one jednak szereg praw, które mogą być egzekwowane bezpośrednio przez sądy krajowe. Ostatecznie Trybunał Sprawiedliwości działa jako gwarant tych praw i w rzeczywistości dość świadomie wykorzystał doktrynę "bezpośredniego egzekwowania" (zwaną również "skutkiem bezpośrednim") w celu wzmocnienia pozycji obywateli w ich własnych sądach oraz, w razie potrzeby, przeciwko ich własnym rządom. Utrzymano cały szereg postanowień TFUE w celu stworzenia bezpośrednio egzekwowalnych praw, między innymi:

- prawo do nie bycia dyskryminowanym ze względu na przynależność państwową (art. 18 TFUE, wcześniej art. 12 Traktatu WE);

- prawo do równej płacy za pracę o równej wartości, bez względu na płeć (art. 157 TFUE, wcześniej art. 141 Traktatu WE);

-prawo do poszukiwania pracy i pozostawania w charakterze pracownika w innym państwie członkowskim (art. 45 TFUE, wcześniej art. 39 Traktatu WE);

- prawo do otrzymywania i świadczenia usług (art. 56 TFUE, wcześniej art. 49 Traktatu WE);

-prawo do nieopodatkowania przywozu (art. 30 TFUE, wcześniej art. 25 Traktatu WE); oraz

-prawo do podjęcia działań przeciwko innemu przedsiębiorstwu za naruszenie reguł konkurencji (art. 102 TFUE, wcześniej art. 82 Traktatu WE);

Cele Unii

Jak omówiono w rozdziale 1, cele Unii, określone w art. 3 TUE, są znacznie bardziej zwięzłe niż połączone cele zawarte w dawnym art. 3 Traktatu WE (w odniesieniu do byłej Wspólnoty Europejskiej) i dawnym art. 2 TUE (w odniesieniu do Unii Europejskiej). Artykuł 3 TUE, który zastąpił oba te przepisy z chwilą wejścia w życie ToL w dniu 1 grudnia 2009 r., stanowi, że:

1. Celem Unii jest promowanie pokoju, jej wartości i dobrobytu jej narodów.

2. Unia oferuje swoim obywatelom przestrzeń wolności, bezpieczeństwa i sprawiedliwości bez granic wewnętrznych, w której zapewniony jest swobodny przepływ osób w powiązaniu z właściwymi środkami w odniesieniu do kontroli granic zewnętrznych, azylu, imigracji oraz zapobiegania i zwalczania przestępczości.

3. Unia ustanawia rynek wewnętrzny. Działa na rzecz trwałego rozwoju Europy, opartego na zrównoważonym wzroście gospodarczym i stabilności cen, społecznej gospodarce rynkowej o wysokiej konkurencyjności zmierzającej do pełnego zatrudnienia i postępu społecznego oraz na wysokim poziomie ochrony i poprawy jakości środowiska naturalnego. Wspiera ona postęp naukowy i technologiczny. Zwalcza ona wyłączenie społeczne i dyskryminację oraz wspiera sprawiedliwość i ochronę socjalną, równość kobiet i mężczyzn, solidarność między pokoleniami i ochronę praw dziecka. Wspiera ona spójność gospodarczą, społeczną i

terytorialną oraz solidarność między państwami członkowskimi. Szanuje ona swoją bogatą różnorodność kulturową i językową oraz zapewnia ochronę i rozwój dziedzictwa kulturowego Europy.

4. Unia ustanawia unię gospodarczą i walutową, której walutą jest euro.

5. W stosunkach ze światem zewnętrznym Unia stoi na straży i propaguje swoje wartości i interesy oraz przyczynia się do ochrony swoich obywateli. Przyczynia się ona do pokoju, bezpieczeństwa, trwałego rozwoju Ziemi, solidarności i wzajemnego szacunku między narodami, wolnego i uczciwego handlu, likwidacji ubóstwa i ochrony praw człowieka, w szczególności praw dziecka, jak również do ścisłego przestrzegania i rozwoju prawa międzynarodowego, w tym poszanowania zasad Karty Narodów Zjednoczonych.

6. Unia realizuje swoje cele przy pomocy właściwych środków, współmiernych do kompetencji, które zostały jej przyznane w Traktatach. Artykuł 3 TUE określa ogólne cele Unii; cele te obejmują nie tylko polityki gospodarcze, ale także społeczne i polityczne. Ale jak działa i funkcjonuje Unia - czy jest zarządzana przez państwa członkowskie?

Ramy instytucjonalne Unii

Na mocy art. 13 ust. 1 TUE ustanawia się siedem następujących instytucji Unii:

-Parlament Europejski;

-Rada Europejska;

-Rada;

-Komisja Europejska (zwana dalej "Komisją");

- Trybunał Sprawiedliwości Unii Europejskiej;

-Europejski Bank Centralny; oraz

- Trybunał Obrachunkowy.

Każda z tych instytucji UE musi działać w ramach uprawnień przyznanych im na mocy traktatów UE. Jeżeli jakakolwiek instytucja przekroczy swoje uprawnienia określone w Traktatach, wszelkie wynikające z tego uprawnienia mogą zostać uznane za ultra vires, tj. wykraczające poza zakres jej uprawnień. W kolejnych trzech rozdziałach zostanie zauważone, że oprócz tych siedmiu instytucji, Traktat przewiduje powołanie innych nazwanych organów i określa ich rolę. Dwa takie organy są wyraźnie określone w art. 13 ust. 4 TUE: Komitet Ekonomiczno-Społeczny oraz Komitet Regionów, które wspierają Parlament Europejski, Radę i Komisję.

2.2 Ustawodawstwo wtórne tworzone na mocy traktatów UE

Artykuł 288 ust. 1 TFUE (wcześniej art. 249 ust. 1 Traktatu WE) określa różne rodzaje aktów prawnych Unii:

W celu wykonywania kompetencji Unii, instytucje przyjmują rozporządzenia, dyrektywy, decyzje, zalecenia i opinie.

Skutki aktu prawnego Unii zależą od jego szczególnego charakteru:

-Rozporządzenie ma zastosowanie ogólne. Wiąże ono w całości i jest bezpośrednio stosowane we wszystkich państwach członkowskich (art. 288 ust. 2 TFUE).

-Dyrektywa jest wiążąca dla każdego państwa członkowskiego, do którego jest skierowana, w odniesieniu do rezultatu, który ma być osiągnięty, ale pozostawia organom krajowym swobodę wyboru formy i metod (art. 288 ust. 3 TFUE).

-A decyzja jest wiążąca w całości. Decyzja, która określa adresatów, jest wiążąca jedynie dla nich (art. 288 ust. 4 TFUE).

-Zalecenia i opinie nie mają mocy wiążącej (art. 288 ust. 5 TFUE).

Artykuł 288 TFUE stanowi, że rozporządzenia, dyrektywy i decyzje są "wiążące", a zatem możliwe jest ich prawne wykonanie. Natomiast art. 288 stanowi, że zalecenia i opinie nie mają "żadnej mocy wiążącej", a zatem nie są prawnie egzekwowalne. Pierwsze trzy prawnie egzekwowalne środki zostaną rozpatrzone poniżej, natomiast dwa ostatnie zostaną uwzględnione w części zatytułowanej "Prawo miękkie".

Regulamin

Artykuł 288 TFUE stanowi, że rozporządzenie jest wiążące dla wszystkich państw członkowskich i jest bezpośrednio stosowane we wszystkich tych państwach.

Artykuł 297 ust. 1 TFUE (wcześniej art. 254 Traktatu WE) stanowi, że wszystkie akty prawne (w tym rozporządzenia) muszą być publikowane w Dzienniku Urzędowym. Dziennik Urzędowy jest oficjalną publikacją Unii. Składa się z dwóch powiązanych ze sobą serii i suplementu:

-Seria L (akty prawne) zawiera wszystkie akty prawne, których publikacja jest obowiązkowa na mocy traktatów, jak również inne akty.

- Seria C (informacje i zawiadomienia) obejmuje pełny zakres informacji innych niż ustawodawstwo.

-Seria S jest dodatkiem zawierającym zaproszenia do składania ofert na roboty budowlane i dostawy.

Serie L i C są publikowane codziennie (oprócz niedziel), a dodatek jest publikowany codziennie od wtorku do soboty. Jako akt ustawodawczy, rozporządzenie zostanie opublikowane w serii L. U. 1990 L 257/13 (jest to odniesienie do rozporządzenia UE w sprawie kontroli koncentracji przedsiębiorstw). Odniesienie jest zdekodowane jako: seria L Dziennika Urzędowego, Rok 1990, numer wydania 257, strona 13. Rozporządzenie wchodzi w życie w dniu określonym w rozporządzeniu lub, w przypadku braku takiej daty, dwudziestego dnia po jego opublikowaniu w Dzienniku Urzędowym (art. 288 ust. 1 TFUE (wcześniej art. 191 Traktatu WE)).

Bezpośrednie zastosowanie

Jak stwierdzono powyżej, art. 288 TFUE stanowi, że rozporządzenie stosuje się bezpośrednio. Zazwyczaj, jeśli państwo zawiera umowę z innym państwem, choć umowa ta może być wiążąca w prawie międzynarodowym, to w systemie prawnym tego państwa będzie ona skuteczna tylko wtedy, gdy będzie realizowana zgodnie z jego wymogami konstytucyjnymi. Na przykład, gdyby Zjednoczone Królestwo zawarło umowę z Francją, aby umowa ta była wykonalna w brytyjskich sądach, normalnie musiałaby zostać uchwalona ustawa parlamentu. Ustawa może włączać (np. kopiować) umowę do odpowiedniej ustawy lub może po prostu odwoływać się do umowy i przewidywać jej skuteczność w Wielkiej Brytanii. Rozporządzenie UE jest porozumieniem zawartym przez organ międzynarodowy - Unię Europejską. Aby rozporządzenie zostało włączone do krajowego systemu prawnego, ustawodawca krajowy musiałby uchwalić przepisy wykonawcze. Byłoby to bardzo uciążliwe, ponieważ Unia przyjmuje co roku ogromną liczbę rozporządzeń. Cały system unijny zostałby bardzo szybko wstrzymany, gdyby rozporządzenie musiało zostać włączone do prawa krajowego każdego z 27 państw członkowskich, zanim stałoby się skuteczne. Rozporządzenia, zwłaszcza w obszarze polityki rolnej, dość często wymagają szybkiego wdrożenia, aby uzyskać pożądany efekt. Takie regulacje straciłyby na skuteczności, gdyby Unia musiała czekać na włączenie przez każde z państw członkowskich do ich krajowych systemów prawnych. Z tego właśnie powodu art. 288 TFUE stanowi, że rozporządzenie stosuje się bezpośrednio. Oznacza to, że rozporządzenia UE uznaje się za automatycznie włączone do krajowego systemu prawnego każdego z państw członkowskich i wchodzą one w życie zgodnie z art. 297 TFUE (zob. powyżej). Są one wiążące dla każdego, kto wchodzi w ich zakres w całej Unii Europejskiej. Nie wymagają one dalszych działań ze strony państw członkowskich i mogą być stosowane przez sądy państw członkowskich, gdy tylko staną się skuteczne. W Wielkiej Brytanii ustawa o Wspólnotach Europejskich z 1972 r. (z późniejszymi zmianami) przewiduje bezpośrednie stosowanie przepisów UE.

Dyrektywy

Dyrektywa różni się od rozporządzenia tym, że ma zastosowanie tylko do tych państw członkowskich, do których jest adresowana, chociaż zazwyczaj dyrektywa będzie adresowana do wszystkich 27 państw członkowskich. Dyrektywa określa wynik, jaki należy osiągnąć, ale pozostawia każdemu państwu członkowskiemu pewien wybór co do formy i metody osiągnięcia wyniku końcowego. Dyrektywa dość często zapewnia państwu członkowskiemu szereg możliwości, spośród których może wybierać podczas wdrażania środka. Dyrektywa nie ma bezpośredniego zastosowania. Wymaga ona od każdego państwa członkowskiego włączenia dyrektywy w celu nadania jej skuteczności do krajowego systemu prawnego. W

Wielkiej Brytanii wymaga to uchwalenia ustawy parlamentu lub ustawodawstwa delegowanego. Jak stwierdzono powyżej, art. 297 ust. 1 TFUE stanowi, że wszystkie akty ustawodawcze (w tym dyrektywy) muszą być publikowane w Dzienniku Urzędowym. Dyrektywy wejdą w życie w dniu określonym w dyrektywie lub, jeśli nie zostanie określona data, 20 dni po ich opublikowaniu w Dzienniku Urzędowym (art. 297 ust. 1 TFUE).

Decyzje

Artykuł 288 TFUE stanowi, że decyzja jest wiążąca w całości. Artykuł 297 ust. 2 TFUE (wcześniej art. 254 ust. 3 Traktatu WE) stanowi, że jeżeli w decyzji określono osoby, do których jest ona skierowana, osoby te muszą zostać powiadomione o decyzji, a decyzja stanie się skuteczna dopiero po takim powiadomieniu. Jeżeli jednak w decyzji nie wskazano osób, do których jest ona skierowana, musi ona zostać opublikowana w Dzienniku Urzędowym i stanie się skuteczna albo w dniu w niej określonym, albo, jeżeli nie wskazano takiej daty, dwudziestego dnia po jej opublikowaniu w Dzienniku Urzędowym (art. 297 ust. 2 TFUE). To samo można powiedzieć o decyzjach, co o rozporządzeniach i dyrektywach, ponieważ artykuły Traktatu pozostają zasadniczo otwarte, aby umożliwić odpowiedniej instytucji określenie rzeczywistego trybu stosowania instrumentu. Jednakże, niektóre artykuły faktycznie określają, że tryb działania przyrządu jest decyzją. Na przykład art. 105 ust. 2 TFUE (wcześniej art. 85 ust. 2 Traktatu WE) stanowi, że: Jeżeli naruszenie nie zostanie usunięte, Komisja odnotowuje takie naruszenie zasad w uzasadnionej decyzji [podkreślenie dodane]. Artykuł 105 ust. 2 TFUE dotyczy naruszenia unijnych reguł konkurencji.

Prawo miękkie

Instrumenty niewykonalne prawnie, które mogą pomóc w interpretacji lub stosowaniu prawa unijnego, określa się jako "prawo miękkie". Do takich aktów prawnych może odwoływać się Trybunał Sprawiedliwości Unii Europejskiej przy dokonywaniu wykładni lub stosowaniu prawa Unii. Jedna szczególna forma "prawa miękkiego" będzie przedmiotem dalszych rozważań: zalecenia i opinie.

Zalecenia i opinie

Artykuł 288 TFUE wyraźnie stanowi, że zalecenia i opinie nie mają mocy wiążącej. Jednakże wykorzystanie tych dwóch instrumentów może pomóc w formalnym wyjaśnieniu spraw. Poprzedni art. 211 Traktatu WE upoważniał Komisję do formułowania zaleceń lub wydawania opinii w sprawach objętych Traktatem, nie tylko w przypadkach wyraźnie przewidzianych, ale również zawsze, gdy uzna to za konieczne. Nie zostało to powtórzone w TUE i TFUE w wersji zmienionej przez ZWZ. Jednakże art. 17 ust. 1 TUE stanowi, że Komisja "wspiera ogólny interes Unii oraz podejmuje w tym celu odpowiednie inicjatywy ...". Przepis ten prawdopodobnie upoważnia Komisję do formułowania zaleceń lub wydawania opinii, stosownie do potrzeb, pod warunkiem że "wspierają one interes ogólny Unii".

PODSUMOWANIE

Unia Europejska ma osobowość prawną i jako taka posiada własny porządek prawny, który jest odrębny od prawa międzynarodowego. Ponadto prawo UE ma bezpośredni lub pośredni wpływ na prawa jej państw członkowskich i staje się częścią systemu prawnego każdego państwa członkowskiego. Unia Europejska jest sama w sobie źródłem prawa. Porządek prawny dzieli się zazwyczaj na prawo pierwotne (traktaty i ogólne zasady prawne), prawo wtórne (oparte na traktatach) i prawo uzupełniające (Besselink, 1998; Bobek, 2009a; Coppel, O'Neill, 1992; Goldsmith, 2001a; Harpaz, 2009b; Harpaz, 2009b, Jacobs, 2001b; Jowell, 1996a; Kral, 2008a; Lenaerts, 1991; Lenaerts, De Smijter, 2001c; Liisberg, 2001d; Mancini, 1989; Pescatore, 1970; Schilling, 1996b; Schutze, 2008b; Sharpston, 1990; Snyder, 1993; Toth, 1997; Van Vooren, 2009c, Weiler, Lockhart, 1995).

LISTA REFERENCYJNA

Besselink, L., (1998). "Uwięziony przez maksymalną normę: On fundamental rights, pluralism and subsidiarity in the European Union", 35, CML Rev. 629.

Bobek, M., (2009a). "Sprostowania w Dzienniku Urzędowym Unii Europejskiej:

Community law as quicksand", 34, EL Rev. 950.

Coppel, J. i O'Neill, A. (1992). "Europejski Trybunał Sprawiedliwości: Bierzesz prawa na poważnie?", Legal Studies 227.

Goldsmith, T., (2001a). A Charter of Rights, Freedoms and Principles", 38, CML Rev, 1201.

Harpaz, G., (2009b). "Europejski Trybunał Sprawiedliwości i jego stosunki z Europejskim Trybunałem Praw Człowieka: Dążenie do większego zaufania, spójności i legitymizacji", 46, CML Rev. 105.

Jacobs, F. (2001b). "Prawa człowieka w UE: The role of the Court of Justice", 26, EL Rev. 331.

Jowell, J. (1996a). "Czy proporcjonalność jest pojęciem obcym?", 2 EPL 401.

Kral, R. (2008a). "Krajowe, normatywne wdrażanie rozporządzeń WE. Wyjątkowa czy raczej powszechna sprawa?", 33, EL Rev. 243.

Lenaerts, K., (1991) "Fundamental rights to be included in a Community catalogue", 16, EL Rev. 367.

Lenaerts, K. i De Smijter, E. (2001c). A Bill of Rights for the EU", 38, CML Rev. 273.

Liisberg, J.(2001d). "Czy Karta Praw Podstawowych UE zagraża nadrzędności prawa wspólnotowego?", 38, CML Rev. 1171.

Mancini, G.F. (1989). "The making of a Constitution for Europe", 26, CML Rev. 595.

Pescatore, P. (1970). "Podstawowe prawa i wolności w systemie Wspólnot Europejskich", AJIL. 343.

Schilling, T. (1996b). "Autonomia wspólnotowego porządku prawnego: Analizę możliwych fundamentów", 37. Harv Int LJ 389.

Schutze, R. (2008b). "Lizbona i federalny porządek kompetencji: A prospective analysis", 33 EL Rev. 709.

Sharpston, E. (1990). "Uzasadnione oczekiwanie i rzeczywistość gospodarcza", 15, EL Rev. 103.

Snyder, F. (1993). "Skuteczność prawa Wspólnoty Europejskiej: Instytucje, procesy, narzędzia i techniki", 56, MLR 19, 32.

Toth, A.G. (1997). "Unia Europejska i prawa człowieka: The way forward', 34 CML Rev. 491.

Van Vooren, B. (2009c). "Studium przypadku dotyczące "prawa miękkiego" w stosunkach zewnętrznych UE: The European Neighbourhood Policy", 34, EL Rev. 696.

Weiler, J. i Lockhart, N. (1995). "Poważne traktowanie praw: The European Court of Justice and its fundamental rights jurisprudence", 32 CML Rev. 579.

3. PROCES KSZTAŁTOWANIA POLITYKI KRYMINALNEJ UNII EUROPEJSKIEJ

Tworzenie polityki karnej jest procesem historycznym, który powstaje w pierwszych państwowych stowarzyszeniach Sumerów i Asyry-Babylonii i rozwija się równolegle z doskonaleniem organizacji politycznej i państwowej.

Niezwykłą zasługą dla kształtowania nowoczesnej polityki karnej, prawa karnego i kryminologii jest Cesare Becaria. W 1763 roku opublikował swoje dzieło: "Zbrodnia i kara", wyzwalająca kryminologię i politykę kryminalną.

Przestępczość zorganizowana jest poważnym przestępstwem popełnianym przez zorganizowane grupy przestępcze, które często ma wymiar międzynarodowy i wymaga współpracy instytucji UE i ich państw członkowskich z krajami trzecimi i organizacjami międzynarodowymi. Ta przestępczość zorganizowana stanowi wyzwanie dla tradycyjnej definicji przestępczości zorganizowanej, ponieważ odpowiada ona obecnie na nowy porządek rynku. Przestępcy zorganizowani działają jako brokerzy świadczący wysoce wyspecjalizowane usługi dla klientów na całym świecie, komunikując się za pomocą nowych technologii informacyjnych i uciekając od tradycyjnych form zapobiegania i represji kryminalnych. Jednocześnie ci przestępcy są łatwo wymienialni. Ich struktury stanowią wyzwanie dla kryminalnych i administracyjnych podejść do demontażu ich sieci.

3.1 Tło historyczne

Współpraca w sprawach karnych między państwami członkowskimi miała swój początek w 1975 roku. Następnie, podczas posiedzenia Rady Europejskiej, powołano nieformalną grupę TREVI (Terrorism, Radicalism, Extremism, Violence International). TREVI było forum współpracy operacyjnej między ministerstwami sprawiedliwości i spraw wewnętrznych państw członkowskich. Funkcjonował on do momentu wejścia w życie TEU. Kolejnym krokiem w kierunku poprawy współpracy był Traktat z Schengen z dnia 14 czerwca 1985 r., wykonany na mocy Konwencji z Schengen z dnia 19 czerwca 1990 r. Należy pamiętać, że nie tylko zlikwidowano kontrolę graniczną 2 pomiędzy państwami członkowskimi, ale także przewidziano pogłębienie współpracy w dziedzinie zwalczania zachowań przestępczych, jak również poszerzenie współpracy operacyjnej. Oczywiste jest, że współpraca państw europejskich w dziedzinie prawa karnego idzie dalej niż UE; jednak to właśnie traktat z Maastricht po raz pierwszy uregulował kwestie systemu sprawiedliwości i spraw wewnętrznych. Od czasu jej przyjęcia Unia opierała się na tzw. trzech filarach - trzeci z nich był poświęcony współpracy policyjnej i sądowej w sprawach karnych. Jednym z głównych celów UE jest tworzenie i realizacja "przestrzeni wolności, bezpieczeństwa i sprawiedliwości", z kluczową rolą Rady i Komisji (art. 3 ust. 2, art. 11 TUE). Europejska przestrzeń sądowa stanowi element "przestrzeni wolności, bezpieczeństwa i sprawiedliwości" i obejmuje współpracę zarówno w sprawach karnych, jak i cywilnych. W tytule VI TUE ustanowiono współpracę w sprawach karnych jako przedmiot współpracy międzyrządowej. Wspólne ramy obejmowały współpracę policyjną i sądową w sprawach karnych oraz zapobieganie i zwalczanie rasizmu i ksenofobii (art. 29 TUE). Współpraca sądowa ma na celu ułatwienie i przyspieszenie współpracy między właściwymi ministerstwami i organami sądowymi lub równoważnymi organami państw członkowskich w odniesieniu do postępowania sądowego i wykonywania orzeczeń sądowych. Jego celem było również ułatwienie ekstradycji między państwami członkowskimi, zbliżenie norm karnych państw członkowskich, zapobieganie konfliktom jurysdykcji i wreszcie przyjęcie środków ustanawiających minimalne normy odnoszące się do znamion czynów przestępczych i kar w dziedzinach określonych w TUE (art. 31 TUE). Na mocy Traktatu z Maastricht w trzecim filarze mogłyby zostać przyjęte trzy różne instrumenty: wspólne stanowiska, wspólne działania i konwencje. Konwencje te, jako traktaty podlegające międzynarodowemu prawu publicznemu, okazały się nieskuteczne, ponieważ nie zostały ratyfikowane przez wszystkie państwa członkowskie. Co więcej, procedura ratyfikacyjna została przedłużona, a pozostałe instrumenty trzeciego filaru okazały się niewystarczające. Ściślejsze kontakty między państwami członkowskimi wymagały wprowadzenia bardziej skutecznych instrumentów. Poszukując odpowiednich rozwiązań, Traktat Amsterdamski (który wszedł w życie dnia 1 maja 1999 r.) wprowadził decyzję ramową jako szczególny instrument trzeciego filaru. Ponadto, podczas Rady Europejskiej w Tampere w 1999 r. przyjęto pięcioletni program działań. Jej głównymi celami były: zagwarantowanie swobodnego przepływu osób, zapewnienie bezpieczeństwa obywatelom UE, ułatwienie dostępu do wymiaru sprawiedliwości i wzajemnego uznawania orzeczeń sądowych oraz ich skutecznego wykonywania na terytorium państw członkowskich UE. Pomimo tych ambitnych celów, ponownie okazało się, że tworzenie skutecznych ram współpracy jest skomplikowane2 . Kolejny pięcioletni program działania (program haski) z 2005 r. miał również na celu wzmocnienie współpracy między państwami członkowskimi. Ściślejsza współpraca była uważana za narzędzie zapewnienia podstawowych praw i minimalnych gwarancji proceduralnych, jak również dostępu do wymiaru sprawiedliwości; walki z międzynarodową przestępczością zorganizowaną i zapobiegania zagrożeniom terrorystycznym; kontynuacji wzajemnego uznawania orzeczeń sądowych w sprawach cywilnych i karnych. Niestety, również ta inicjatywa nie wprowadziła żadnych istotnych zmian instytucjonalnych, które mogłyby pozytywnie wpłynąć na skuteczność współpracy państw członkowskich. Przed reformą lizbońską, na mocy art. 34 TUE, aby osiągnąć cele Unii, Rada mogła wykorzystać pewne środki. Rada mogłaby przyjmować wspólne stanowiska, decyzje ramowe mające na celu zbliżenie przepisów prawnych w państwach członkowskich, decyzje dotyczące osiągnięcia innych celów oraz konwencje zalecane przez państwa członkowskie. Jednakże również te rozwiązania dostarczyły dowodów na to, że są one niewystarczające do zbliżenia systemów prawnych państw członkowskich. Dlatego też kolejny krok został podjęty wraz z przyjęciem traktatu lizbońskiego.

3.2 Przestępstwa związane z udziałem w organizacji przestępczej

Decyzja ramowa zawiera w art. 1 definicje organizacji przestępczej i zorganizowanego związku, które są ściśle powiązane z definicją zawartą w Konwencji ONZ o przestępczości zorganizowanej oraz w poprzednim wspólnym działaniu z dnia 21 grudnia 1998 r. poprzez uznanie za przestępstwo karne uczestnictwa w organizacji przestępczej w Państwach Członkowskich Unii Europejskiej. Podobnie jak te instrumenty, nie zawiera ona definicji przestępczości zorganizowanej i ma pewne braki w zakresie merytorycznych aspektów tych pojęć. 1) "organizacja przestępcza" oznacza zorganizowaną grupę, utworzoną na przestrzeni czasu, składającą się z więcej niż dwóch osób działających w porozumieniu w celu popełnienia przestępstw podlegających karze pozbawienia lub ograniczenia wolności na okres co najmniej czterech lat lub karze surowszej, w celu uzyskania, bezpośrednio lub pośrednio, korzyści finansowej lub innej korzyści materialnej; 2) "zorganizowana grupa" oznacza grupę, która nie jest przypadkowo utworzona w celu natychmiastowego popełnienia przestępstwa ani nie musi mieć formalnie określonych ról dla swoich członków, ciągłości członkostwa lub rozwiniętej struktury. Jak wskazała UNODC, ta definicja terminu "organizacja przestępcza" jest w dużym stopniu zgodna z definicją "zorganizowanej grupy przestępczej" zawartą w Konwencji ONZ w sprawie przestępczości zorganizowanej, a następnie termin ten jest stosowany w art. 2 jako podstawowy element opisu przestępstwa polegającego na "udziale w organizacji przestępczej", który określa zakres stosowania środków szczególnych przewidzianych w następujących przepisach decyzji ramowej.

Po raz kolejny decyzja ramowa jest zgodna z Konwencją ONZ o przestępczości zorganizowanej, gdy przewiduje w art. 2, że "każde Państwo Członkowskie podejmuje niezbędne środki w celu zapewnienia, że jeden lub oba z poniższych rodzajów zachowań związanych z organizacją przestępczą są uznawane za przestępstwa: a) zachowanie każdej osoby, która w sposób zamierzony i ze świadomością celu i ogólnej działalności organizacji przestępczej lub zamiaru popełnienia przez nią danych przestępstw, aktywnie uczestniczy w działalności przestępczej organizacji, w tym w dostarczaniu informacji lub środków materialnych, rekrutacji nowych członków i wszelkich formach finansowania jej działalności, ze świadomością, że taki udział przyczyni się do realizacji działalności przestępczej organizacji; (b) zachowanie każdej osoby polegające na porozumieniu z jedną lub kilkoma osobami, że działalność powinna być wykonywana, co w przypadku jej wykonywania oznaczałoby popełnienie przestępstw, o których mowa w art. 1, nawet jeśli osoba ta nie bierze udziału w faktycznym wykonywaniu działalności". Te dwa rodzaje zachowań, z których co najmniej jeden państwa członkowskie muszą uznać za przestępstwo, odzwierciedlają zarówno anglosaskie, jak i kontynentalne tradycje prawne. W przypadku kontynentu wymagany jest aktywny udział w działalności przestępczej organizacji, ze świadomością jej celu lub zamiaru popełnienia przestępstwa. Dla Anglosasów wymagana jest umowa o popełnieniu zbrodni bez konieczności udziału w ich popełnieniu.

UNODC Digest of Organised Crime Cases, który bada sprawy niektórych państw członkowskich UE, ocenia w szczególności dwie sprawy dotyczące systemu kontynentalnego: Francja i Włochy. W tych krajach lista przestępstw jest podstawą francuskiego i włoskiego ustawodawstwa dotyczącego przestępczości zorganizowanej. W prawie francuskim wykaz ten ma charakter wyłączny; obejmuje on przestępstwo association de malfaiteurs (tj. każdej grupy utworzonej w celu przygotowania jednego lub więcej przestępstw podlegających karze pozbawienia wolności na okres co najmniej pięciu lat) jedynie w przypadkach, gdy celem stowarzyszenia jest popełnienie innego przestępstwa wymienionego w wykazie.

Natomiast w systemie włoskim przestępstwo "stowarzyszenia przestępczego typu mafijnego" jest włączone niezależnie od przestępstw popełnionych przez to stowarzyszenie. W związku z tym ograniczony charakter wykazu jest częściowo zrównoważony poprzez ściganie przestępstwa zrzeszania się: w każdym przypadku, gdy przeciwko danej osobie prowadzone jest dochodzenie w związku z udziałem w organizacji mafijnej zaangażowanej w przestępstwa niewymienione w wykazie lub gdy postawiono jej zarzut uczestnictwa w takiej organizacji, nadal stosuje się większość lub niektóre ze specjalnych procedur i środków przeznaczonych dla przestępstw wymienionych w wykazie. Ponadto włoska lista obejmuje wszelkie przestępstwa popełnione na korzyść stowarzyszenia mafijnego lub z wykorzystaniem środków oferowanych przez takie stowarzyszenie. Ten mechanizm prawny pozwala na stosowanie specjalnych norm do niezdefiniowanych kategorii przestępstw, gdy nie ma zarzutu udziału w grupie mafijnej, ale udowodniono udział tego rodzaju stowarzyszenia przestępczego. Tak więc reżim włoski łączy w sobie oba systemy prawne. Jak wyjaśnia UNODC, "częste przyjmowanie "systemu wykazów" ma wiele możliwych wytłumaczeń, ale przede wszystkim to, że kryminologiczna charakterystyka przestępstw ujętych w wykazie umożliwia dostosowanie środków do dokładnego charakteru przestępczości zorganizowanej w danym kraju w określonym czasie i stanowi dodatkowe uzasadnienie dla wprowadzenia nowych przepisów. Jednakże "system wykazów" ma poważną wadę polegającą na braku elastyczności, co wymaga czasochłonnych i skomplikowanych dostosowań prawnych, a niekiedy także instytucjonalnych, gdy grupy zorganizowane angażują się w przestępstwa niewymienione w wykazie lub gdy pojawiają się nowe przestępstwa, które są albo z natury rzeczy, albo de facto popełniane przez grupy przestępcze. Taka sztywność może również stwarzać trudności w postępowaniu z przestępczością międzynarodową, ponieważ ograniczony zakres stosowania może utrudniać międzynarodową pomoc prawną". Jak stwierdza UNODC, trudności te nie muszą być związane z zasadą podwójnej karalności. Może się zdarzyć, że przestępstwo jest również karalne w systemie prawnym kraju, do którego zwrócono się o pomoc, ale ponieważ przestępstwo nie wchodzi w zakres stosowania środków specjalnych przeciwko przestępczości zorganizowanej, środek, o który zwrócono się z wnioskiem (np. dostawa kontrolowana) nie może zostać wykonany. Jest to zasada podwójnej karalności, szczególnie problematyczna w obszarze przestępczości zorganizowanej, ponieważ niektóre aspekty norm międzynarodowych mogą prowadzić do różnych wniosków. Pierwsza kwestia dotyczy niezdefiniowanego zakresu stosowania konwencji ONZ, który to zakres jest wspólny dla decyzji ramowej UE. Konwencja i decyzja ramowa mają zastosowanie, między innymi, do otwartej kategorii poważnych przestępstw, do której zalicza się przestępstwa, które strony/państwa członkowskie mogą swobodnie kryminalizować lub nie. W związku z tym konwencja nie zapewnia podwójnej karalności dla tej kategorii przestępstw. Z drugiej strony, UE rozwiązała ten problem dzięki rozwiązaniu zaproponowanemu w art. 5 decyzji ramowej, które zostało dodatkowo wzmocnione przez orzecznictwo Europejskiego Trybunału Sprawiedliwości w sprawie ekstradycji. W swojej decyzji w sprawie Mantello, w której dokonano wykładni art. 2 ust. 1 i 2 decyzji ramowej w sprawie europejskiego nakazu aresztowania, Trybunał zaakceptował możliwość wydania nakazu w sprawie przestępstw bez weryfikacji zasady podwójnej karalności czynu. Zgodnie z art. 2 ust. 2 zasada ta nie ma zastosowania w odniesieniu do 32 kategorii przestępstw, pod warunkiem że wydające nakaz państwo członkowskie karzeze więzienia za te przestępstwa w maksymalnym wymiarze co najmniej trzech lat. Do przestępstw tych zalicza się udział w organizacji przestępczej oraz przestępstwa przeciwko środowisku, w tym nielegalny handel zagrożonymi gatunkami zwierząt oraz zagrożonymi gatunkami i odmianami roślin. Sędzia odsyłający argumentował, że ten przepis decyzji ramowej może naruszać zasadę legalności. Mimo że wykaz zawarty w art. 2 ust. 2 decyzji był wielokrotnie krytykowany za to, że nie zawierał przestępstw, które, jak zauważa rząd hiszpański w swoim znamiennym oświadczeniu interwencyjnym (pkt 121), mają poważny wpływ na interesy prawne wymagające szczególnej ochrony w Europie, a ponadto istnieje wymóg, by państwo członkowskie wydające nakaz aresztowania karało te przestępstwa karami o szczególnym stopniu surowości. Są to przestępstwa, w przypadku których weryfikacja podwójnej odpowiedzialności karnej jest uważana za zbędną, ponieważ czyny, o których mowa, są karane we wszystkich państwach członkowskich.

UNODC stwierdziło, że "wykorzystanie elastyczności państw w zakresie wymogu podwójnej karalności może być rozwiązaniem dla wzajemnej pomocy, ale nie dla ekstradycji. Dla obu stron - i z konieczności ekstradycji - uniwersalna kryminalizacja określonych zachowań poprzez doraźny międzynarodowy traktat karny pozostaje główną drogą wyjścia.

3.3 Traktat z Lizbony "Komunizacja" zamiast współpracy międzyrządowej

Traktat lizboński został przyjęty po długich dyskusjach i zawirowaniach politycznych. Wreszcie, obowiązuje on od 1 grudnia 2009 r. Wśród wielu reform przewidzianych w traktacie lizbońskim, reforma współpracy sądowej w sprawach karnych jest być może najgłębszą i najbardziej widoczną. Traktat z Lizbony zniósł wyżej wymieniony "trzeci filar". Dawny art. 31 ust. 1 lit. e) TUE został zastąpiony art. 83 ust. 1 Traktatu o funkcjonowaniu Unii Europejskiej [TFUE], który stanowi, co następuje: Parlament Europejski i Rada mogą, w drodze dyrektyw przyjętych zgodnie ze zwykłą procedurą ustawodawczą, ustanowić normy minimalne dotyczące określania przestępstw i kar w obszarach szczególnie poważnej przestępczości o wymiarze transgranicznym, wynikającej z charakteru lub skutków takich przestępstw lub ze szczególnej potrzeby zwalczania ich na wspólnych zasadach. Te obszary przestępczości są następujące: terroryzm, handel ludźmi i seksualne wykorzystywanie kobiet i dzieci, nielegalny handel narkotykami, nielegalny handel bronią, pranie pieniędzy, korupcja, fałszowanie środków płatniczych, przestępczość komputerowa i przestępczość zorganizowana. Na podstawie rozwoju przestępczości Rada może przyjąć decyzję określającą inne dziedziny przestępczości, które spełniają kryteria określone w niniejszym ustępie. Stanowi ona jednomyślnie po uzyskaniu zgody Parlamentu Europejskiego. Przeniesienie tego postanowienia z TUE do TFUE ma nie tylko charakter techniczny. Rozporządzenia TFUE przyjmują tzw. "metodę wspólnotową" zamiast dotychczasowej metody międzyrządowej.

3.4 Procedura zwykła

Procedura zwykła oznacza procedurę przewidzianą w art. 294 TFUE. Zakres tego artykułu nie pozwala na pełne przedstawienie zwykłej procedury ustawodawczej, dlatego ograniczymy nasze rozważania do wskazania głównych różnic między nowymi i starymi rozporządzeniami - Komisja Europejska ma monopol na prawo inicjatywy ustawodawczej; - Rada Europejska podejmuje decyzje większością kwalifikowaną zamiast jednomyślnie głosowanej decyzji ramowej; - Parlament Europejski jest zaangażowany w procedurę, a nawet ma prawo do zakończenia prac nad wnioskiem; - Trybunał Sprawiedliwości zapewnia jednolitość interpretacji prawa wspólnotowego; - parlamenty krajowe mogą być zaangażowane w procedurę . Ta zmiana ma dwie główne cechy. Po pierwsze, ogranicza ona suwerenne uprawnienia państw członkowskich do regulowania spraw karnych, np. do określania rodzajów przestępstw i ustalania kar. Zgodnie z nowym rozporządzeniem zwykłe weto państwa jest niemożliwe. Co więcej, po 1 stycznia 2014 r. nie wystarczy nawet odrzucić wniosku dotyczącego dyrektywy. Sprawy karne były zawsze uznawane za jedną z najbardziej delikatnych kwestii dotyczących suwerenności państwa. Wydaje się, że autorzy konstytucji europejskiej, a następnie traktatu lizbońskiego byli tego świadomi i to był powód, dla którego ustanowili ustęp 3 artykułu 83, który zostanie omówiony poniżej. Po drugie, ograniczono władzę rządów i rozszerzono kompetencje Parlamentu Europejskiego. Warto zauważyć, że rozszerzono również prerogatywy parlamentów krajowych, jednak w bardzo ograniczonym zakresie. Zgodnie z nowymi przepisami, zgoda Parlamentu Europejskiego (przynajmniej w milczącej formie) dotyczy konieczności przyjęcia jakiejkolwiek dyrektywy dotyczącej spraw karnych. Taką reformę należy przyjąć z zadowoleniem jako próbę rozwiązania problemu tzw. "deficytu demokracji w UE". W sprawach karnych deficyt ten jest szczególnie delikatny, ponieważ prawo karne stanowi najgłębszą ingerencję w wolność człowieka. Powszechnie uznawana zasada: nullum crimen, nulla poena sine lege parlamentaria (brak przestępstwa, brak kary bez ustawy), czasami nazywana nullum crimen, nulla poena sine lege parlamentaria (brak przestępstwa, brak kary bez ustawy parlamentu), jest przynajmniej częściowo spełniona. Kolejną konsekwencją przeniesienia spraw karnych do pierwszego filaru jest zmiana formy instrumentów prawnych. Poprzednie decyzje ramowe zostały zastąpione przez dyrektywy. Oczywiście decyzje ramowe przyjęte przed 1 grudnia 2009 r. nadal obowiązują. Oba rodzaje aktów prawnych wydają się być podobne. Ogólna zasada jest taka, że każde państwo członkowskie jest zobowiązane do przyjęcia przepisów w swoim systemie prawnym w celu wdrożenia sprawy uregulowanej w decyzji ramowej lub dyrektywie. Główną różnicą jest efekt bezpośredni. TUE określił, że decyzje ramowe nie mają skutku bezpośredniego. Nie ma takiego przepisu dotyczącego dyrektyw. Zgodnie z orzecznictwem Europejskiego Trybunału Sprawiedliwości, dyrektywy te mają jedynie ograniczony skutek bezpośredni. Jednostka może podnieść argument wynikający z dyrektywy tylko wtedy, gdy państwo jej nie wdrożyło lub jej wdrożenie jest nieprawidłowe i tylko wtedy, gdy roszczenie jednostki jest skierowane przeciwko państwu lub jego agencji30. Trudno sobie wyobrazić, aby ktoś mógł podnieść argument dotyczący dyrektywy w sprawie prawa karnego materialnego. Dzieje się tak, ponieważ takie dyrektywy są instrumentami państwa lub/i UE. Mając na uwadze tradycyjną funkcję prawa karnego jako gwarancji dla jednostki, takie argumenty nie mają tu żadnego sensu, ponieważ UE ustanawia jedynie minimalne zasady, a każde państwo członkowskie może przyjąć surowsze kary lub może uznać za przestępstwo inne rodzaje przestępstw niż UE. W związku z tym zmiana formy aktów prawnych będzie miała niewielkie znaczenie w praktyce.

PODSUMOWANIE

Zdecydowana i jednoznaczna ocena zmian wprowadzonych przez traktat lizboński w odniesieniu do harmonizacji prawa karnego stanowi dość trudne zadanie.

Zmiany wprowadzone przez traktat lizboński pozwalają na dalsze ujednolicenie systemu prawa materialnego, który dotyczy przestępstw uznanych za najtrudniejsze dla UE.

Kolejną zaletą traktatu lizbońskiego jest zmiana formy aktu prawnego dotyczącego spraw karnych. Dyrektywy były najbardziej popularnymi instrumentami w dziedzictwie prawnym WE, a ich zastosowanie w sprawach karnych wzmacnia spójność wspólnego systemu prawnego. Jednakże, jak już wspomnieliśmy powyżej, nie jest prawie możliwe, aby dyrektywy te miały jakikolwiek bezpośredni skutek. Dlatego też kluczowe znaczenie ma możliwość zmuszenia państw członkowskich do wdrożenia dyrektywy (Beare, Woodiwiss, 2014a, s. 545; Bliznashki, 2008a, s.23; Bowman, Davies, Redgwell, 2010a; Calderoni, Savona, Solmi, 2012a; Fisher, 2000, s. 19-30; Fijnaut, 2014b, s. 572; Habermas, 2001a, s. 5-26.Kostadinowa, 2012b; Krämer, 2012c; Lyakhov YE, Troitskiy, Badalina, 2010b, s.35-38; McCornik, 2002, s.89; Marinowa, 2009a, s.77; Mitsilegas, s.565Paoli, 2011; Peers, s. 381; Ponsen, 2008b, s.234; Rozmus, Topa, Walczak, 2009b; Stankov, 2008c, s.115; Verhofstadt, 2006, s.57; Yotov, 2003, ss.115-116).

LISTA REFERENCYJNA

Beare, M. i Woodiwiss, M. (2014a). "U.S. Organized Crime Control Policies Exported Abroad" w Paoli, L., Oxford Handbook of Organized Crime, OUP, str. 545 i nast.

Bliznashki, G. (2008a). Dogovorat za reforma kato opit za izlizane ot krizata na Evropeyskiya sayuz, V: Reformiraneto na dogovornata osnova na Evropeyskiya sayuz kato izpitanie za grazhdanite, S. , s. 23.

Bowman, M., Davies, P. i Redgwell, C. (2010a). Lyster's International Wildlife Law, Cambridge University Press.

Calderoni F., Savona E. U., Solmi S., (2012a). Crime proofing the policy options for the revision of the Tobacco Products Directive, Trento: Transcrime - Università degli Studi di Trento, styczeń 2012.

Fisher, J. (2000). Od Konfederacji do Federacji: Koryta na rzecz ostateczności integracji europejskiej. - W: Jaki rodzaj konstytucji dla jakiej polityki? Florencja, s. 19-30.

Fijnaut, C. (2014b). "European Union Organized Crime Control Policies" w Paoli, L., Oxford Handbook of Organized Crime, OUP, str. 572 i nast.

Habermas, J. (2001a). Dlaczego Europa potrzebuje konstytucji - In: New Left Review, Vol. 11, s. 5-26.

Kostadinova, R. (2012b). Sistemata na prestapleniya i nakazatelnata politika na Republika Balgariya, V: "Modeli sa sistema na prestapleniya spored nakazatelnoto pravo na Republika Balgariya", Plovdiv.

Krämer, Ludwig. (2012c). Prawo ochrony środowiska UE, Sweet and Maxwell, wydanie siódme.

Lyakhov YE. G., Troitskiy S. V., Badalina M. B. (2010b). Nekotoryje woprosy mezhdunarodnogo sotrudnichestva gosudarstv po protivodeystviyu prestupnosti (problem dlamirovaniya ponyatiynogo apparata), Mezhdunarodnoye pravo, № 4 (44), s.35-38.

McCornik, John. (2002). Zrozumieć Unię Europejską, s. 89.

Marinova, G. (2009a). Ekstraditsiyata i Evropeyskata zapoved za arest, S., s. 77.

Mitsilegas, Valsamis. (2001b). "Definicja przestępczości zorganizowanej w Unii Europejskiej: granice europejskiego prawa karnego w przestrzeni wolności, bezpieczeństwa i sprawiedliwości", Przegląd Prawa Europejskiego, tom 26, s. 565.

Paoli, L. (2011). Oxford Handbook of Organized Crime, OUP. Sand, P. H., "Endangered Species, International Protection", w Max Planck Encyclopedia of Public International Law, red. Rüdiger Wolfrum, OUP.

Peers, S. Prawo karne UE, s. 381.

Ponsen, Etien dyo. (2008b). 27 klyucha za Dogovora ot Lisabon, S., s. 234.

Rozmus, M. I. Topa, M. Walczak. (2009b). Harmonizacja prawa karnego w prawodawstwie UE - obecny status i wpływ Trearu z Lizbony.

Stankov, B. (2008c). Kriminologiya. Teoretichni osnovi, VSU "Chernorizets Hrabar", s.115.

Verhofstadt, G. (2006). Stany Zjednoczone Europy. Manifest dla Nowej Europy, Londyn, s. 57.

Yotov, D. (2003). Evropeyskiyat sayuz v borbata sreshtu organiziranata prestapnost, S., ss. 115 -116.

4. TRYB DZIAŁANIA W ZAKRESIE WSPÓŁPRACY POLICYJNEJ MIĘDZY PAŃSTWAMI CZŁONKOWSKIMI UNII EUROPEJSKIEJ

W Europie trudno jest rozwiązać problemy związane z międzynarodową współpracą między różnymi organizacjami i instytucjami, a jest to szczególnie istotne. Stawia to pod znakiem zapytania koordynację i interakcję między strukturami organów ścigania, a czasami utrudnia skuteczność przeciwdziałania transgranicznemu charakterowi podmiotu i zapewnienia ochrony praw obywateli europejskich.

Istnieje potrzeba skutecznej ochrony praw obywateli europejskich przed rozwojem i podtematów w zakresie współpracy policyjnej między UE a Schengen.

Współpraca policyjna to współistnienie w kontekście suwerenności w zakresie suwerenności państwowej. Ustanowienie ogólnych praw do ustawy, które regulator określa jako zbiór zasad (procedura, właściwy organ, ewentualna egzekucja, kanał informacyjny itd.), wszystkie podległe mu osoby podlegają prawu krajowemu.

Proces dotyczący europejskiej współpracy policyjnej dla obywateli jest uzależniony głównie od fabryk:

Stopniowo pre-flour na przecinających się granicach między Państwami Członkowskimi a katolikami musi być poprzedzony warunkiem, że CAPTCHA o Europejskiej Wspólnocie Narodów i Hodowcy od dóbr niezbędnych od Obywatela do Kompensatora Mierzenia, którzy oboje skutecznie reagują na tabliczkę o wyjątkowości i wydaniach;

Upodmiotowienie presji imigracyjnej ze strony obywatela

Rozciągać problemy, rasy terrorystyczne, handel narkotykami i inne przejawy ponadgranicznego charakteru tego rodzaju organizacji.

Współpraca policyjna jest uregulowana w trzecim rozdziale I "Policja i bezpieczeństwo" Konwencji w sprawie racjonalnego uzasadnienia Schengen (KPZR). Race on the paragraphs 1, 2 and 3 on the member, as well as part., before exchanging information for the information between the member page and the change from to the decision 2006/960 / TAC, the Swedish initiative is known. Dokument ten jest przeznaczony dla obserwatora w celu wymiany informacji i danych pomiędzy organami ścigania na stronie internetowej Unii Europejskiej. Współpraca między członkami UE jest czymś więcej niż tylko podpisaniem traktatu z Maastricht. Istnieje rozdział programów dotyczących form współpracy:

W jej rozwoju współpraca między gospodarstwami domowymi w Unii Europejskiej zdominowana była przez kilka etapów.

Grupa imigrantów ad hoc została deportowana w 1976 r. do Ministerstwa Obrony Narodowej w celu obrony imigracji, walki z handlem narkotykami i terroryzmem, a w jej skład wchodzi jeden zastępca przewodniczącego Komisji;

Grupa TREVI ds. wzajemnej pomocy od 1976 r;

CELAD (Europejski Komitet ds. Uzależnień od Narkotyków) od 1990 roku;

Grupa stojąca za koordynatorem swobodnie przemieszczała się od 1988 roku;

Grupa ds. wzajemnej pomocy od 1992 r;

Centrum informacji, informacji i wymiany w regionie na granicy i imigracji z 1992 r. (CIREFI).

Współpraca policyjna pomiędzy rządem, zwolennikami praw ze strefy Schengen, wprowadzająca specyfikę możliwości wzajemnej pomocy, określa formę współpracy policyjnej, a także formę migracji organizacji krajowych i międzynarodowych do walki z imigracją transgraniczną i nielegalną. Formularz dotyczący współregulacji w Konwencji w sprawie przymiotnika dotyczącego umysłu Schengen (KPZR) oraz na podstawie ustawy o prawodawstwie Schengen. W rzeczywistości, przewodnik celu, i opiekun celu, będzie tworzyć dodatkowe udogodnienia dla organów ścigania (w szczególności policjanta), organizacja, która wyraża wysoki w powiększeniu pierścienia od kompetencji, a czasami jest wniesiona do taktyki skuteczności w walce na ziemi, w strefie swobodnego przepływu. Tak, praktyczne zastosowanie ze strony organizacji policyjnej, w wielu przypadkach konieczne jest określenie formy współpracy i figurki-skatera w sposób dwutorowy, między słowami, wiesz, i będziesz czołgać się. Nie jest on prawidłowo skanowany w celu sformalizowania współpracy, która opiera się na wprowadzeniu sygnału informacyjnego do harcerstwa Schengen.

Współpraca policyjna między majsterkowiczami w UE będzie obejmować formularze dotyczące interakcji między właściwymi policjantami:

Trans bound observation and proceeded by physical persons;

Przechwytywanie;

Dostarczenie kontrolera / akt do ratyfikacji od 2004 r. do drugiego protokołu uzupełniającego do Europejskiej konwencji o systemie pomocy prawnej w sprawach karnych.

4.1 NADZÓR TRANSGRANICZNY

Transgraniczna obserwacja skuteczności wyspecjalizowanej organizacji obronnej na zasadzie transgranicznej jest zakulisowa na twarzy, do wyboru jakiejś formy rzeczywistych danych, do uzasadniania podejrzeń w konflikcie lub do udziału w definiowaniu nakazów.

Nadzór transgraniczny jest formą szczególnego rozeznania, które z czasem ogranicza tworzenie konstytucyjnego prawa do obywatela - słusznie przeciwko osobistej nienaruszalności.

Zbyt z kategorii do CPC, metoda jest szybka do obserwacji - kiedy obserwujesz uważnie i za pomocą środków technicznych, będziesz dzielić i dokumentować strony inaczej niż efekt i zachowanie na twarzy, a w ruchu, trwanie w różnych miejscach lub gdy sytuacja się zmienia.

Przedmiotem obserwacji może być osoba fizyczna, ale nie substancja. Wreszcie, można wysłać projekt do monitorowanej dostawy, która jest przyjacielem CPC widok, jest wyściełany do innego trybu z tego ostatniego do nadzoru transgranicznego.

Ochrona transgraniczna jest kwestią tajemnicy dla tych osób, które przekraczają granicę lub granice na danym terytorium przez pewien okres czasu.

Tematy dotyczące nadzoru transgranicznego.

W jakości w temacie dla obywatela zamorskiego w nadzorze transgranicznym, specjalizują się w ochronie organizacji przed udzieleniem odpowiedzi. Jest to operacyjno-razowe i / lub śledztwo organizacji z funkcjami policyjnymi, niedopasowanie prawa, w prawie krajowym, a czasami z prywatnej (tajnej) obserwacji odosobnienia lub grupy osób na podstawie przeszukania, lub za zgodą organu do arbitrażu.

Przedmioty dotyczące działalności w zakresie nadzoru transgranicznego

Nadzór transgraniczny może być prowadzony bezpośrednio przez osobę, dla której wszystkie założenia są związane z zakładem, z pewną dozą ostrożności, ekstradycją.

Ważne jest, aby stan ten był przestrzegany, a osoba podejrzewana o wypaczenie od prefastu, co jest podstawą do ekstradycji i wizualizacji:

Przestępstwa terrorystyczne, przewidziane w decyzji Rady 2002/475 / TAC z dnia 13 czerwca 2002 r. w sprawie zwalczania terroryzmu.

i dalej. 40, § 7 z KPZR: morderstwo; morderstwo jest nieprzewidywalne; bardzo różni się od seksualności; poprawki i oszustwa przy wypłacie środków; kwalifikowanie kradzieży z włamaniem i rabunkiem;

Uczestnictwo w organizacji na rzecz Kowali na podstawie ustawy z dnia 21 grudnia 1998 r., otrzymanej od Rady na podstawie członków. K. 3 z DES, w odniesieniu do osób skazanych za udział w organizacji w charakterze stałego członka Unii Europejskiej (98/733 / TAC).

4.2 PRECEDENSY TRANSGRANICZNE

Precedensy transgraniczne mają wpływ na organizację Policji w przypadku przestępstwa transgranicznego lub transgranicznego poprzedzonego na twarzy, niektóre z nich w miejscu, w którym nie wznieśli lub nie uczestniczyli w definiowaniu przestępstwa, bez zezwolenia otrzymali wcześniejszą zgodę kraju na działania na terytorium kraju.

Komórka. 41 z Konwencji dla przymiotnika w rozumieniu z Schengen, musi i będzie sformułować dwie podstawy, wyznaczyć kryterium, określając różnorodność gatunkową w formie prekursora transgranicznego.

W zależności od pre-deklaracji ze strony ograniczeń dotyczących relacji w czasie i przestrzeni pod implementacją wpływu na pierwszeństwo transgraniczne:

Ograniczone pierwszeństwo transgraniczne, z pewnym obszarem przed lub określone na okres od czasu szlaku do granicy, działalność żółwia i zaprzestanie zostanie zakończona / chl. 41, § 3, b. "A" z KPSU);

Nieograniczony priorytet transgraniczny, z nieco większym niż deklaracje, reżim dotyczący przymiotników jest z góry ograniczony i przestrzeń / przestrzeń. 41, § 3, b. "B" z CPSU.

PODSUMOWANIE

Współdziałanie i wymiana informacji pomiędzy policją krajową organizacji na terytorium Schengen to znacznie więcej niż tylko zakres podporządkowania ze strony międzynarodowej organizacji współpracy policyjnej, koordynacja kontaktów punkt po punkcie w ramach struktury właściwej dla danego kraju na linii międzynarodowej współpracy policyjnej. Have jest decydującym znakiem dla pośmiertnych celów przeciwstawienia się międzynarodowości świata.

Wraz z rozwojem międzynarodowej współpracy policyjnej, która wprowadzi nowe elementy interakcji, stworzy ona dodatkowe możliwości na poziomie krajowym dla właściwego organu w celu zapewnienia administracji publicznej i bezpieczeństwa regionalnego, opieki nad społeczeństwami Edów w strefach przygranicznych oraz przeciwdziałania wypadkom z elementem międzynarodowym (Anderson, Den Boer, Miller, 1994a, s. 118-120.Belenski, 2006a; Belenski, 2008, s.96; Boychev, 2007a; Curtin, 1993, p.17- 69; Garside, 2006b, s.14; Grozev, 2017, s.14; Ivanov, 2010a, s.326; Ignatova, 2007b, s.95Iliev, 2000; Kaymedzhiev, 2005a; Kopcheva, 2006c; Kotorova, 2014b; Mihov, 2010b, Nikolov, 2015; Timchev, 2005b, s. 109; Rashkov, 2010c, s.97; Yanev, Mihov, 2010d; Yanev, 2013; Yotov, 2003).

LISTA REFERENCYJNA

Anderson, M., Den Boer M., Miller, G. (1994a). European Citizenship and Co-operation in the Fields of Justice and Home Affairs, in Duff A., Pinder J. Maastricht and Beyond. - Londyn: Routledge, p.118-120.

Belenski, R. (2006a). Razsledvane na kompyutarni prestapleniya, S.

Belenski, R. (2008). Kriminalistika, S., s.96.

Boychev, P. (2007a). Tehnichesko razuznavane. Operativni sposobi i protivodeystvie, S.

Curtin D. (1993). Struktura konstytucyjna Unii: Europa bitów i kawałków. C.M.L. Review, nr 30, p.17- 69.

Garside, A. (2006b). "The political genesis and legal impact of proposals for the SIS II: what cost for data protection and security in the EU?", Sussex Migration Working Paper no. 30 marca 2006 r., str.14.

Grozev, P. (2017). Spetsialni razuznavatelni sredstva. Nezakonosaobrazno izpolzvane i prilagane, S., s.14.

Ivanov, Vl. (2010a). Upravlenie na shengenskata sigurnost, V: Strategii i poliki na sigurnost, T.2, S., s.326.

Ignatova, B. (2007b). Razpit chrez telefonna konferentsiya i videokonferentsiya pri razsledvane na prestapleniya, izvarsheni ot chuzhdentsi, V: Savremenno pravo, kn. 5, s. 95.

Iliev, I. (2000). Upravlenie na politseyskite i spetsialnite sluzhbi, Varna.

Kaymedzhiev, Hr. (2005a). Teoriya na operativnoizdirvatelnata deynost. S.

Kopcheva, M. (2006c). Kompyutarni prestapleniya, S.

Kotorova, I. (2014b). Evropeyska prokuratura, S.

Mihov S. (2010b). Transgranichno presledvane przeciwko Shengenskoto prostranstvo, sp. Professional, br. 5, S.

Nikolov, P. (2015). Teoretichni i prilozhni aspekti na vzaimodeystvieto mezhdu politseyskite organi na sasedni darzhavi pri transgranichno presledvane, V: Byuletin na AMVR, Fakultet "Politsiya", br. 33, S.

Timchev, L. (2005b). Protivodeystvie na terorizma ot politseyskite organi za izdavane na dokumenti za samolichnost i kontrol na migratsiyata, S., s.109.

Rashkov, B. (2010c). Spetsialni razuznavatelni sredstva, S., s.97.

Yanev, R., S. Mihov, P. Nikolov. (2010d). Politseysko satrudnichestvo v Shengen, V: Byuletin na AMVR, Fakultet "Politsiya", br. 27, S.

Yanev, R. (2013). Politseyskoto satrudnichestvo v shengenskoto prostranstvo - chast ot vissheto spetsialno obrazovanie v Akademiyata na MVR na Republika Balgariya., Byuletin "Politsiya", br. 31, S., AMVR.

Yotov, D. (2003). Evropeyskiyat sayuz v borbata sreshtu organiziranata prestapnost, S.

5. ORGANIZACJA W SPRAWIE UNII EUROPEJSKIEJ W ZAKRESIE PRZYGOTOWANIA KARNEGO

Współdziałanie i wymiana informacji pomiędzy policją krajową organizacji na terytorium Schengen to znacznie więcej niż tylko zakres podporządkowania ze strony międzynarodowej organizacji współpracy policyjnej, koordynacja kontaktów punkt po punkcie w ramach struktury właściwej dla danego kraju na linii międzynarodowej współpracy policyjnej. Pojawiają się one jako decydujący znak przeciwstawienia się zadaniom związanym z internacjonalizmem świata

Wraz z rozwojem międzynarodowej współpracy policyjnej, która wprowadzi nowe elementy do interakcji, zapewni ona dodatkowe możliwości na poziomie krajowym dla właściwego organu w celu zapewnienia administracji publicznej i bezpieczeństwa regionalnego, opieki nad społeczeństwami obywateli w strefach przygranicznych oraz przeciwdziałania wypadkom z elementem międzynarodowym.

Bezpieczeństwo i walka z przestępczością zawsze były aktualną kwestią w sprawach europejskich, a mechanizmy rozwijania współpracy między władzami krajowymi w tej dziedzinie sięgają końca lat siedemdziesiątych. Wprowadzona na zasadzie czysto międzyrządowej w 1993 r. jako część trzeciego filaru, współpraca policyjna i sądowa w sprawach karnych (PJCCM) stała się jedną z najszybciej rozwijających się dziedzin działania UE. Działania UE w tej dziedzinie mają również wymiar zewnętrzny, poprzez który Unia Europejska (UE) dążyła do nawiązania i pogłębienia współpracy z państwami trzecimi i organizacjami międzynarodowymi.

Wraz z wejściem w życie traktatu lizbońskiego działalność UE w sprawach karnych zyskała nowy impuls. Ten ostatni cel został uznany za jeden z celów Unii Europejskiej (UE) zapewniający "wysoki poziom bezpieczeństwa za pomocą środków zapobiegania i zwalczania przestępczości" (art. 67 ust. 1 TFUE). Zniosła ona również strukturę filarową, poddając w ten sposób instrumenty prawa karnego UE metodzie wspólnotowej (choć z nielicznymi wyjątkami) i przyznała UE nowe kompetencje w zakresie rozwoju jej działalności w dziedzinie egzekwowania prawa i wymiaru sprawiedliwości w sprawach karnych. W Traktacie z Lizbony wyróżniono również dwie agencje UE działające w dziedzinie PJCCM, Europol i Eurojust. Te dwie agencje, które współpracują z innymi wyspecjalizowanymi agencjami UE w dziedzinie PWBS, dwie są jedynymi agencjami UE w dziedzinie PWBS, których mandaty są określone w prawie pierwotnym UE (art. 88 i 85 TFUE).

Europol i Eurojust zasługują zatem na dalszą uwagę. Biorąc pod uwagę ich rolę we wspieraniu i wzmacnianiu współpracy między państwami członkowskimi UE w sprawach karnych, stanowią one kluczowe podmioty w dziedzinie bezpieczeństwa wewnętrznego UE i walki z przestępczością. Posiadają one bardzo komplementarne mandaty i kompetencje. Nawet jeśli może to prowadzić do nakładania się na siebie i napięć między nimi, oznacza to również, że ich wspólne uczestnictwo w danym przypadku często skutkuje dużą wartością dodaną i zwiększa szanse na pomyślny wynik. Obie agencje biorą również udział w wysiłkach UE na rzecz promowania współpracy w sprawach karnych z partnerami zewnętrznymi, tak jak robią to inne agencje, takie jak Frontex, w ramach swoich odpowiednich obszarów kompetencji. Europol i Eurojust rozwinęły w ramach swoich mandatów narzędzia i wiedzę fachową, które mają kluczowe znaczenie dla powodzenia transgranicznych dochodzeń i ścigania, i które czynią je interesującymi partnerami z perspektywy państw trzecich i organizacji międzynarodowych. Obie agencje zawarły umowy z partnerami zewnętrznymi, stanowiące podstawę dla różnych form współpracy.

Celem badań jest ocena ram prawnych organizujących mandat i pracę Europolu i Eurojustu, a w szczególności przepisów regulujących ich działalność zewnętrzną, w celu ustalenia, czy ich instrumenty konstytutywne są odpowiednie do sprostania przyszłym wyzwaniom. Wyzwania te mogą mieć charakter polityczny, ponieważ agencje pozostają stosunkowo nowymi podmiotami, które wciąż zdobywają zaufanie władz krajowych (unijnych i spoza UE) i niekoniecznie są postrzegane przez państwa trzecie jako potencjalni partnerzy. Podobnie, państwo trzecie może woleć nie współpracować z agencjami, a zamiast tego zawrzeć dwustronne umowy o współpracy z poszczególnymi państwami członkowskimi - te ostatnie jako jedyne dysponują zdolnościami operacyjnymi w sensie oddelegowywanego personelu i środków technicznych. Wyzwania te koncentrują się na wyzwaniach prawnych napotykanych przez agencje przy rozwijaniu działalności zewnętrznej. Mimo że zarówno Europol, jak i Eurojust kierują się chęcią zapewnienia efektywności i skuteczności współpracy z partnerami zewnętrznymi, ich pragnienie jest nieco ograniczone przez dwa wyzwania prawne:

Muszą one uwzględniać różnorodność istniejącą zarówno wśród państw członkowskich UE, jak i krajów trzecich, zapobiegając jednocześnie sytuacji, w której zróżnicowanie i zmienna geometria uniemożliwiają sprawną współpracę;

Jako agencje UE, są one zobowiązane do przestrzegania zasad praworządności, ochrony praw podstawowych i ochrony danych, zapisanych w prawie pierwotnym UE i mających zastosowanie w stosunkach zewnętrznych UE (art. 20 TUE). Muszą one osiągnąć delikatną równowagę między skutecznością ich współpracy operacyjnej z partnerami zewnętrznymi a ochroną praw podstawowych.

Zarówno Europol, jak i Eurojust istniały wcześniej niż traktat lizboński, jednak dzięki temu nowemu instrumentowi obie agencje zostały po raz pierwszy wymienione w art. 85 i 88 TFUE, a ich role i mandaty zostały zapisane w prawie pierwotnym UE. Obydwie agencje można określić jako siostrzane agencje zaangażowane w walkę z poważną przestępczością transgraniczną dotykającą dwa lub więcej państw członkowskich UE.

5.1 EUROPOL i przestępczość zorganizowana

Misją Europolu jest "wspieranie i wzmacnianie działań organów policyjnych i innych organów ścigania państw członkowskich oraz ich wzajemnej współpracy w zapobieganiu i zwalczaniu poważnej przestępczości dotykającej dwa lub więcej państw członkowskich, terroryzmu i form przestępczości, które mają wpływ na wspólny interes objęty polityką Unii" (art. 88 ust. 1 TFUE). Europol został utworzony w celu gromadzenia informacji policyjnych i dotyczących egzekwowania prawa od organów krajowych oraz dostarczania analiz strategicznych lub operacyjnych na podstawie tych informacji. Został on porównany do "mega-wyszukiwarki". Koordynuje również działania organów ścigania i może wspierać działania operacyjne za pomocą swojego biura mobilnego, analizując w czasie rzeczywistym informacje zebrane w dniach akcji, narzędzia kryminalistyczne itp.

Do konwencji EUROPOLU dodano załącznik zawierający trzy grupy "innych poważnych form przestępczości międzynarodowej", którymi mógłby zajmować się Europol, z których trzecia to *nielegalny handel i szkody dla środowiska naturalnego, w tym:*

a) nielegalny handel bronią, amunicją i materiałami wybuchowymi;

b) nielegalny handel zagrożonymi gatunkami zwierząt;

c) nielegalny handel zagrożonymi gatunkami i odmianami roślin;

d) przestępstwa przeciwko środowisku;

e) nielegalny handel substancjami hormonalnymi i innymi stymulatorami wzrostu.

W dniu 12 listopada 2001 r. Parlament Europejski zatwierdził belgijską i szwedzką inicjatywę w sprawie decyzji ramowej rozszerzającej mandat Europolu na poważne formy przestępczości międzynarodowej wymienione w załączniku do konwencji o Europolu, takie jak *przestępstwa przeciwko środowisku naturalnemu*, kradzież zorganizowana, nielegalny handel dobrami kultury i piractwo produktów. Inicjatywa ta weszła w życie z dniem 1 stycznia 2002 r. Parlament wezwał również UE do utworzenia wspólnych jednostek policyjnych w celu prowadzenia dochodzeń we wszystkich dziedzinach, od terroryzmu po handel narkotykami i ludźmi oraz zwalczanie przestępczości zorganizowanej. Celem było zwiększenie skuteczności współpracy w ramach konwencji EUROPOLU poprzez zapewnienie EUROPOLOWI środków na realizację, w określonych priorytetowych obszarach, jego zadań w odniesieniu do wszystkich aspektów międzynarodowej przestępczości zorganizowanej. Dzięki tym ograniczonym kompetencjom EUROPOL odgrywa coraz większą rolę w walce z przestępczością zorganizowaną oraz, do pewnego stopnia, z przestępczością zorganizowaną w zakresie ochrony środowiska jako poważnym przejawem przestępczości ekologicznej.

Nastąpiła wyraźna ewolucja w sposobie, w jaki EUROPOL radził sobie ze zorganizowaną przestępczością ekologiczną. Początkowo istniała pewna niechęć do zajęcia się tym problemem, motywowana brakiem wiedzy na jego temat, a następnie kolejnym zaangażowaniem wynikającym z rosnącej skali problemu, który rozlewa się na poszczególne państwa członkowskie. Problem związany z definicją przestępczości zorganizowanej i stosowaniem zbyt restrykcyjnej definicji miał przez lata negatywny wpływ na jakość informacji przesyłanych do EUROPOL-u przez państwa członkowskie UE. Po kilku latach EUROPOL zmienił swoje stanowisko i przyznał, że informacje przesyłane przez państwa członkowskie dotyczące przestępstw przeciwko środowisku były uwarunkowane i w pewien sposób zniekształcone przez kwestionariusze, które nie uwzględniały rosnącej interwencji grup przestępczych i organizacji przestępczych w przestępstwa przeciwko środowisku. W Raporcie o sytuacji w zakresie przestępczości zorganizowanej w UE w 2000 r. EUROPOL stwierdził, że "przestępczość ekologiczna [była] uśpionym problemem w zakresie zaangażowania przestępczości zorganizowanej". Uznała ona wówczas, że przestępstwa przeciwko środowisku rzadko przyciągają uwagę zorganizowanych grup przestępczych (zwanych dalej grupami przestępczości zorganizowanej). W niektórych przypadkach wiadomo było, że grupy przestępczości zorganizowanej są zaangażowane w handel zagrożonymi gatunkami i składowanie odpadów niebezpiecznych. W tym ostatnim przypadku bardziej właściwe wydawało się mówienie o "przestępczości zorganizowanej", w której przedsiębiorstwa obcinały sobie drogę do obniżenia kosztów.

Chociaż EUROPOL uznał w 2004 r., że "niewiele [wiedział] o zaangażowaniu grup zorganizowanych w "nietradycyjnych" obszarach przestępczości zorganizowanej", wśród zaleceń zawartych w swoim sprawozdaniu rocznym wprowadził, że "należy inicjować sprawozdania sytuacyjne w obszarach przestępstw o wysokim/niskim ryzyku, takich jak przestępstwa przeciwko środowisku, przemyt narządów i handel hormonami, ze szczególnym uwzględnieniem zaangażowania grup zorganizowanych".

EUROPOL przyjął roczne oceny dotyczące przestępczości zorganizowanej, w których zamiast odniesienia do typologii zorganizowanej przestępczości środowiskowej stosuje się ogólne odniesienia do przestępczości środowiskowej. W sprawozdaniach tych uwzględniono również liczbę dochodzeń w państwach członkowskich oraz zbadano charakter przestępstw przeciwko środowisku i sposób działania. Trudności w stosowaniu do przestępstw przeciwko środowisku kategorii związanych z przestępczością zorganizowaną, takich jak organizacje przestępcze, doprowadziły do ich zawężenia. Na przykład w sprawozdaniu z 2002 r. stwierdzono, że "bardziej właściwe jest mówienie o "przestępczości zorganizowanej" niż o przestępczości zorganizowanej".

Wreszcie, zorganizowana przestępczość w dziedzinie ochrony środowiska stała się ważnym zagadnieniem w ostatnich ***ocenach zagrożenia przeprowadzanych przez EUROPOL***, który uznał ją za jedno z pojawiających się zagrożeń w UE, ze względu na rosnące zainteresowanie przestępczością zorganizowaną w dziedzinie ochrony środowiska, która jest obecnie postrzegana jako wysoki zysk i niskie ryzyko oraz rośnie wykładniczo ze względu na jej rentowność. Jak ujął to EUROPOL:

"Kierując się przekonaniem o niskim ryzyku i wysokim zysku, pojawiły się oznaki, że ta działalność przestępcza cieszy się większym zainteresowaniem zorganizowanych grup przestępczych. Grupy specjalizujące się w praniu brudnych pieniędzy, przestępstwach finansowych, kradzieżach i handlu narkotykami w państwach członkowskich zajmują się obecnie również przestępczością przeciwko środowisku. Ogólnie rzecz biorąc, znaczne luki w danych wywiadowczych uniemożliwiają jednak kompleksową ocenę działalności przestępczości zorganizowanej w tym obszarze".

W listopadzie 2013 r. EUROPOL przedstawił swoją pierwszą ocenę zagrożenia przestępczością w zakresie ochrony środowiska w UE i wskazał, że "najbardziej znaczące przestępstwa w zakresie ochrony środowiska z udziałem przestępczości zorganizowanej w UE to handel nielegalnymi odpadami i handel zagrożonymi gatunkami".

5.2 EUROJUST i przestępczość zorganizowana

W celu wzmocnienia walki z poważną przestępczością zorganizowaną Rada Europejska na posiedzeniu w Tampere w dniach 15 i 16 października 1999 r., w szczególności w pkt 46 konkluzji, podjęła decyzję o utworzeniu jednostki, która stanie się Eurojustem, składającej się z prokuratorów, sędziów lub funkcjonariuszy policji o równoważnych kompetencjach72 :

1. W kontekście dochodzeń i ścigania, dotyczących dwóch lub więcej Państw Członkowskich, zachowań przestępczych określonych w art. 4 w odniesieniu do poważnej przestępczości, w szczególności gdy jest ona zorganizowana, celami Eurojustu są:

a) stymulowanie i poprawa koordynacji, między właściwymi władzami Państw Członkowskich, dochodzenia i ścigania w Państwach Członkowskich, z uwzględnieniem wszelkich wniosków pochodzących od właściwych władz Państwa Członkowskiego oraz wszelkich informacji dostarczonych przez jakikolwiek organ właściwy na mocy przepisów przyjętych w ramach Traktatów;

b) poprawa współpracy między właściwymi organami państw członkowskich, w szczególności poprzez ułatwianie realizacji międzynarodowej wzajemnej pomocy prawnej i realizację wniosków o ekstradycję;

c) wspieranie w inny sposób właściwych organów państw członkowskich w celu zwiększenia skuteczności ich dochodzeń i ścigania.

Jeżeli chodzi o zorganizowaną przestępczość ekologiczną, EUROJUST przyjął w 2013 r. kilka ważnych inicjatyw. W listopadzie 2013 r. Eurojust i Europejska Sieć Prokuratorów ds. Środowiska (ENPE) były współgospodarzami spotkania zatytułowanego "W kierunku lepszej koordynacji ścigania przestępstw przeciwko środowisku w całej UE": Rola Eurojustu w Hadze". Jego celem było znalezienie odpowiedzi na pytanie, w jaki sposób można poprawić najlepsze praktyki i skuteczniej zwalczać zorganizowane grupy przestępcze zaangażowane w przestępczość przeciwko środowisku. Pomimo tego, że liczba przestępstw przeciwko środowisku wzrasta, nie znajduje to odzwierciedlenia w poziomie ścigania. Jedną z analizowanych kwestii jest związek między przestępczością środowiskową a przestępczością zorganizowaną.

W kwietniu 2013 r. Kolegium Eurojustu zatwierdziło strategiczny projekt dotyczący przestępstw przeciwko środowisku, który został zakończony w listopadzie 2014 r. Cele projektu są następujące:

- aby ocenić status współpracy sądowej;

- aby ocenić potrzeby praktyków;

- aby zidentyfikować przeszkody i najlepsze praktyki;

- zaproponowanie usprawnień w wykorzystaniu istniejących instrumentów prawnych, ze szczególnym uwzględnieniem kar, nielegalnego transgranicznego przemieszczania odpadów i handlu zagrożonymi gatunkami;

- zintensyfikowanie wysiłków na rzecz ścigania przestępstw przeciwko środowisku na szczeblu krajowym;

- oraz podnoszenie świadomości na temat wartości dodanej Eurojustu.

W listopadzie 2014 r. Eurojust przyjął ostateczny rezultat tego projektu, projekt strategiczny dotyczący raportu na temat przestępczości środowiskowej, który definiuje przestępczość środowiskową jako "poważne przestępstwo, popełniane często przez zorganizowane grupy przestępcze, które dotyka całego społeczeństwa, ponieważ jego wpływ jest odczuwalny nie tylko w zdrowiu ludzi i zwierząt, ale także w jakości powietrza, gleby i wody". W ramach projektu opracowano i przekazano państwom członkowskim między innymi kwestionariusz, który był skierowany również do przestępczości zorganizowanej. Główne kwestie, które zostały przeanalizowane w sprawozdaniu, to: nielegalny handel zagrożonymi gatunkami, nielegalny handel odpadami i zanieczyszczenie wód powierzchniowych. Aspekty, które zostały przeanalizowane w tych trzech obszarach są następujące:

- Złożoność prawodawstwa dotyczącego ochrony zagrożonych gatunków ,

- Poziom powagi i kar związanych z handlem zagrożonymi gatunkami,

- Niewystarczająca koordynacja między właściwymi organami na szczeblu krajowym i międzynarodowym.

- Ciężar dowodu i gromadzenia dowodów.

- Powiązania z przestępczością zorganizowaną.

W sprawozdaniu przedstawiono "możliwe rozwiązania", które powinny być promowane przez Eurojust:

1. Ściślejsza współpraca międzynarodowa i zaangażowanie Eurojustu.

2. Wspólne zespoły dochodzeniowo-śledcze i inne narzędzia współpracy.

3. Wymiana orzecznictwa i najlepszych praktyk.

4. Multidyscyplinarne podejście do walki z przestępczością przeciwko środowisku.

5. Harmonizacja definicji normalizacja ich interpretacji i wdrożenie odstraszających kar.

6. Konfiskata dochodów z działalności przestępczej.

7. Współpraca z partnerami.

Spośród tych możliwych rozwiązań analizowane jest obecnie podejście administracyjne jako część szerszego podejścia multidyscyplinarnego.

Misją Eurojustu jest "wspieranie i wzmacnianie koordynacji i współpracy między krajowymi organami dochodzeniowo-śledczymi i prokuratorskimi w odniesieniu do poważnej przestępczości dotykającej co najmniej dwa państwa członkowskie lub wymagającej wspólnego ścigania" (art. 85 ust. 1 TFUE). Eurojust jest "podmiotem ułatwiającym" współpracę sądową, który interweniuje w celu usprawnienia skutecznego funkcjonowania instrumentów współpracy sądowej (takich jak europejski nakaz aresztowania), rozwiązywania kwestii prawnych pojawiających się w złożonych sprawach (takich jak konflikty jurysdykcji) lub stymulowania koordynacji organów sądowych. Została ona porównana do "wieży kontrolnej", której członkowie będą interweniować, gdy zauważą potrzebę prowadzenia dochodzeń w skoordynowany sposób w sprawach transgranicznych i/lub złożonych.

Należy podkreślić, że żadna z tych agencji nie posiada uprawnień operacyjnych. Europol nie jest powołany do tego, by być europejskim FBI, a jego członkowie nigdy nie mieli możliwości wykonywania czynności dochodzeniowych na miejscu. Podobnie, Eurojust nie ma zamiaru zostać prokuratorem europejskim i nie może bezpośrednio wykonywać czynności dochodzeniowych lub prokuratorskich. Odgrywają one jednak kluczową rolę we wspieraniu władz krajowych, zwłaszcza w zakresie koordynacji dochodzeń i ścigania w wielostronnym wymiarze spraw karnych.

Zmiany ram prawnych obu agencji przebiegają równolegle, ponieważ Komisja zaproponowała w 2013 r. dwa wnioski dotyczące rozporządzeń. Mając na uwadze, że rozporządzenie dotyczące Europolu zostało przyjęte w maju 2016 r. i weszło w życie w dniu 1 maja 2017 r., negocjacje w sprawie rozporządzenia dotyczącego Eurojustu nie zostały jeszcze zakończone. W lutym 2015 roku Rada przyjęła podejście ogólne, a negocjacje zostały zawieszone w oczekiwaniu na postępy w negocjacjach dotyczących rozporządzenia ustanawiającego Prokuraturę Europejską. Analiza przyszłych ram prawnych Eurojustu będzie zatem opierać się na tekście podejścia ogólnego. Jednakże, biorąc pod uwagę niedawne przyjęcie rozporządzenia ustanawiającego Prokuraturę Europejską, negocjacje w sprawie rozporządzenia dotyczącego Eurojustu mogą wkrótce zakończyć się sukcesem. Nie tylko "lizbonizują" one funkcjonowanie agencji, tzn. dostosowują je do ram prawnych traktatu polizbońskiego, ale także dają im nowe narzędzia i kompetencje do dalszego wspierania współpracy transgranicznej w sprawach karnych. Taki rozwój sytuacji należy przyjąć z zadowoleniem, zwłaszcza biorąc pod uwagę globalizację przestępczości oraz częstotliwość i skalę transgranicznej działalności przestępczej. Rzeczywiście, jeśli globalizacja naszych gospodarek i społeczeństw przyczyniła się do wzrostu gospodarczego i dobrobytu, to stworzyła również ogromne możliwości dla przestępczej przedsiębiorczości i prowadzi do globalizacji przestępczości. Przestępcy, pracujący w grupach lub w sieciach, działają na różnych kontynentach. Podmioty zaangażowane w tradycyjną transgraniczną działalność przestępczą, taką jak handel narkotykami lub bronią, mogą produkować nielegalne substancje lub broń na jednym z kontynentów, handlować nimi na innym i sprzedawać je na trzecim. Jednak wzorce te są obecnie również obecne w "współczesnej" działalności przestępczej, takiej jak cyberprzestępczość, czyli dziedzina, w której przestępcy popełniają przestępstwa anonimowo w Internecie, w dowolnym miejscu i czasie, niezależnie od fizycznej lokalizacji.

Działalność przestępcza bardzo często nie ogranicza się zatem ani do jednego państwa członkowskiego, ani do terytorium UE. Terroryzm, cyberprzestępczość, przemyt migrantów lub handel ludźmi są często wymieniane wśród najpoważniejszych międzynarodowych zagrożeń przestępczych, zwłaszcza że prowadzą do poważnych naruszeń podstawowych praw ich ofiar. Te zmiany w krajobrazie przestępczym stanowią nowe wyzwania dla krajowych organów ścigania i organów sądowych. Coraz częściej muszą one prowadzić dochodzenia i ścigać sprawy dotyczące elementów transgranicznych i powiązań z krajami sąsiadującymi i/lub krajami bardziej oddalonymi geograficznie. Skuteczna współpraca w sprawach karnych jest zatem niezbędna do zapewnienia skutecznego ścigania i skazywania przestępców (a tym samym do zapewnienia odstraszającego efektu prawa karnego) oraz do ochrony podstawowych praw ofiar przestępstw. Ta konieczność ma z kolei wpływ na UE i unijne agencje wymiaru sprawiedliwości w sprawach karnych Europol i Eurojust. Biorąc pod uwagę wyżej wymienione zmiany w krajobrazie przestępczym, UE rozwinęła zewnętrzny wymiar swojej przestrzeni wolności, bezpieczeństwa i sprawiedliwości, którego głównym celem jest służenie wewnętrznej polityce bezpieczeństwa UE poprzez tworzenie bezpiecznego środowiska zewnętrznego w celu zwalczania nielegalnej imigracji, terroryzmu i przestępczości zorganizowanej. Doprowadziło to do powstania całego zestawu instrumentów, przepisów i mechanizmów mających na celu sprzyjanie współpracy transgranicznej w sprawach karnych między Unią Europejską, władzami krajowymi jej państw członkowskich i jej partnerami zewnętrznymi (państwami trzecimi, jak również organizacjami międzynarodowymi). Europol i Eurojust, jako agencje UE, uczestniczyły w tym rozwoju zewnętrznego wymiaru PWBS. Agencje skorzystały z możliwości rozwijania współpracy z partnerami zewnętrznymi, zwłaszcza na podstawie unijnego prawa wtórnego. Ich działania zewnętrzne przybierają różne formy: podpisywanie umów o współpracy, zezwalanie lub odmowa wymiany danych osobowych, wyznaczanie oficerów łącznikowych lub punktów kontaktowych, lub wyznaczanie sędziów łącznikowych. W praktyce, nawet jeśli pozostają one dostawcami usług dla organów krajowych i nie są automatycznie zaangażowane we wszystkie operacje transgraniczne, obie agencje regularnie publikują komunikaty prasowe zawierające szczegółowe informacje na temat wsparcia, jakie oferowały w sprawach, w których prowadzono dochodzenie i ścigano je we współpracy z państwami spoza UE. Obie agencje są często postrzegane jako struktury UE, które są najbliżej zdolności operacyjnej UE, co zwiększa ich atrakcyjność jako interlokutorów dla państw trzecich.

Europol i Eurojust stały się zatem kluczowymi podmiotami w rozwoju i pogłębianiu współpracy transgranicznej w sprawach karnych, nie tylko między organami krajowymi działającymi w państwach członkowskich UE, ale także między tymi organami a organami działającymi w krajach trzecich. Ich znaczenie zostało uznane przez instytucje UE i państwa członkowskie, które w trakcie negocjacji obu rozporządzeń wprowadziły istotne zmiany do przepisów dotyczących współpracy agencji z państwami trzecimi i organizacjami międzynarodowymi. Zmiany te nie tylko objęły agencje ogólnymi ramami prawnymi mającymi zastosowanie do stosunków zewnętrznych UE, ale także wprowadziły nowe przepisy, takie jak te umożliwiające wymianę informacji na mocy klauzul derogacyjnych. Świadczą one o znaczeniu nadanym bezpieczeństwu i skuteczności współpracy międzynarodowej w sprawach karnych w kontekście, w którym zapobieganie przestępczości wymaga niekiedy przekazywania informacji w czasie rzeczywistym. Zmiany te są tym bardziej istotne, że Wielka Brytania, kluczowe państwo członkowskie w dziedzinie bezpieczeństwa, wkrótce stanie się państwem trzecim UE i będzie nadal współpracować z nimi w oparciu o ramy prawne regulujące współpracę zewnętrzną Europolu i Eurojustu.

PODSUMOWANIE

W obecnym kontekście bezpieczeństwa współpraca z państwami trzecimi i organizacjami międzynarodowymi ma kluczowe znaczenie dla realizacji celów UE w zakresie zapobiegania i zwalczania przestępczości. Kwestia ta będzie również ważnym punktem dyskusji podczas negocjacji w sprawie Brexitu, ponieważ po wycofaniu się Wielkiej Brytanii z UE konieczne będzie określenie nowych zasad współpracy między władzami brytyjskimi a agencjami UE. Obecne warunki współpracy między Europolem, Eurojustem i ich partnerami zewnętrznymi, które zostały przeanalizowane w niniejszym dokumencie, mogą służyć jako źródło inspiracji dla negocjatorów z UE i Wielkiej Brytanii. Ujawniają one również potencjalne ograniczenia, jakie mogą pojawić się przy opracowywaniu przyszłych warunków współpracy między UE a Zjednoczonym Królestwem, a także potrzebę refleksji nad opracowaniem konkretnych warunków, które ostatecznie będą opierać się na statusie Zjednoczonego Królestwa jako byłego państwa członkowskiego. Kwestie te mają kluczowe znaczenie, ponieważ niewystarczająca współpraca w sprawach karnych między UE a Wielką Brytanią może zmniejszyć bezpieczeństwo mieszkańców Wielkiej Brytanii i obywateli UE.

Obie agencje stoją przed wyzwaniami, począwszy od potrzeby uwzględnienia różnorodności w Unii Europejskiej i poza nią. Jednak ich głównym wyzwaniem jest prawdopodobnie delikatny charakter wymiany danych z państwami trzecimi, które nie są związane normami UE w zakresie ochrony praw podstawowych i ochrony danych, a tym samym potencjalnie wiążą się z poważnym naruszeniem praw podstawowych. Obydwie agencje nie są jedynymi podmiotami stojącymi w obliczu tego wyzwania, które obiecują sprawdzić skuteczność zapobiegania przestępczości pod względem prawnym, zakazując przetwarzania informacji, jeżeli zostały one uzyskane z naruszeniem praw podstawowych. W dzisiejszej rzeczywistości bezpieczeństwa, naznaczonej regularnymi atakami terrorystycznymi, niektórzy opowiadają się za złagodzeniem standardów praw człowieka, uważając na przykład, że należy wykorzystywać informacje zapobiegające atakowi, nawet jeśli mogły one zostać uzyskane w drodze tortur. W Unii Europejskiej opartej na poszanowaniu praworządności, takie argumenty są trudne do podtrzymania. W tym względzie można z zadowoleniem przyjąć odniesienia w rozporządzeniach dotyczących Europolu i Eurojustu do poszanowania ochrony danych jako warunku wstępnego dla przyjmowania danych osobowych z państw trzecich i przekazywania danych osobowych do państw trzecich. Ponadto mechanizmy ustanowione w celu pociągnięcia obu agencji do odpowiedzialności przed demokratycznie wybranymi organami i przed sędziami są w tym względzie niezbędne, aby zapewnić, że nie zostaną przekroczone żadne czerwone linie. Ponieważ rozporządzenie w sprawie Europolu weszło w życie zaledwie kilka miesięcy temu, a rozporządzenie w sprawie Eurojustu jest nadal przedmiotem negocjacji, jest jeszcze zbyt wcześnie, aby udzielić ostatecznej odpowiedzi na pytanie, czy są one skuteczne i wystarczające, a szczególną uwagę należy zwrócić na ich praktyczne wdrożenie (Busuioc, 2010a, s. 39; Curtin, 2017a, s. 199; De Bruycker, Weyembergh, 2009, s. 210; De Moor, Vermeulen, 2010b, s. 1089.Heimans, 2008a, s. 369; Izba Lordów, 2008b, s. 78-115; Mihov, 2010c; Mitsilegas, 2017b, s. 222; Monar, 2012, s. 59; Monar, 2015a, s. 346; Monar, 2004a, s. 414; Nikolov, 2015b; Peers, S. 2015c, 22p.; Peers, 2004b, s. 5Roberston, 1997, s. 12; Trauner, Willems, 2016; Van den Wyngaert, 2004c, s. 215; Vitorino, 2003; Vlastnik, 2008c; Wechsler, 1952, s. 1098; Yanev, Mihov, Nikolov, 2010d; Yanev, 2013).

LISTA REFERENCYJNA

Busuioc, M. (2010a). The Accountability of European Agencies - Legal Provisions and Ongoing Practices, s. 39.

Curtin, D. (2017a). "Brexit and the EU Area of Freedom, Security and Justice, Bespoke Bits and Pieces" w F. Fabbrini, The Law and Politics of Brexit, OUP, str.

199.

De Bruycker, A. i A. Weyembergh. (2009). "The external dimension of the European Area of Freedom, Security and Freedom", w: M. Telo, The European Union and Global Governance, (Routledge, 2009), s. 210.

De Moor, A. i Gert Vermeulen. (2010b). "Decyzja Rady o Europolu: Transforming Europol into an agency of the European Union", Common Market Law Review, Vol. 47, 2010, s. 1089.

Heimans, D. (2008a). "The external relations of Europol - Political, legal and operational considerations", w: Bernd Martenczuck and Servaas van Thiel (red.), Justice, Liberty and Security, New challenges for EU external relations, VUB Press, s. 369.

Izba Lordów, Komitet UE. (2008b). Europol: koordynowanie walki z poważną i zorganizowaną przestępczością, listopad 2008 r., s. 78-115.

Mihov S. (2010c). Transgranichno presledvane przeciwko Shengenskoto prostranstvo, sp. Professional, br. 5, S.

Mitsilegas, V. (2017b). Prawo karne UE po Breksycie, Forum Prawa Karnego (2017) 28, s. 222.

Monar, J. (2012). The external dimension of the EU's Area of Freedom, Security and Justice, Progress, potential and limitations after the Treaty of Lisbon, Swedish Institute for European Policy Studies, s. 59.

Monar, J. (2015a). UE jako międzynarodowy podmiot antyterrorystyczny: Progress and Constraints, Intelligence and National Security (2015) 30:2-3, s. 346.

Monar, J. (2004a). "The EU as an International Actor in the Domain of Justice and Home Affairs", European Foreign Affairs Review, Vol. 4, Issue 3, p. 414.

Nikolov, P. (2015b). Teoretichni i prilozhni aspekti na vzaimodeystvieto mezhdu politseyskite organi na sasedni darzhavi pri transgranichno presledvane, V: Byuletin na AMVR, Fakultet "Politsiya", br. 33, S.

Peers, S. (2015c). Trendy w różnicowaniu prawa UE i wnioski na przyszłość, In Depth Analysis for the AFCO Committee of the European Parliament, 22 s.

Peers, S. (2004b). Wzajemne uznawanie i prawo karne w Unii Europejskiej: Czy Rada się myli?, CMLR 41, 1, 2004, s. 5.

Roberston, S. (1997). Intelligence-Led Policing: a European Union View, in IALEIA, Intelligence-Led Policing, International perspectives on policeing in the 21st century, s. 12.

Trauner, F. i Auke Willems, (2016). "Wewnętrzno-zewnętrzny nexus. Cross-border criminal justice", Brief Issue n° 29, European Union Institute for Security Studies (EUISS), październik 2016 r.

Van den Wyngaert, C. (2004c). Eurojust i Prokurator Europejski, In: Europejska Przestrzeń Wolności, Bezpieczeństwa i Sprawiedliwości. Oksford: Oxford University Press, s. 215.

Vitorino, A. (2003). Komisarz JNA, Poprawa współpracy transgranicznej między organami śledczymi i prokuratorskimi. Przemówienie 03 \219, Haga, 29.04.2003.

Vlastnik, J. (2008c). Eurojust - Kamień węgielny federalnego systemu sądownictwa karnego w UE?, W: Bezpieczeństwo a sprawiedliwość Współpraca policyjna i sądowa w Unii Europejskiej. Farnham, Surrey i Londyn: Ashgate Publishing Limited.

Wechsler, H. (1952). The challenges of a Model Penal Code" Harvard Law Review 65 (1952) s. 1098.

Yanev, R., S. Mihov, P. Nikolov. (2010d). Politseysko satrudnichestvo v Shengen, V: Byuletin na AMVR, Fakultet "Politsiya", br. 27, S.

Yanev, R. (2013). Politseyskoto satrudnichestvo v shengenskoto prostranstvo - chast ot vissheto spetsialno obrazovanie v Akademiyata na MVR na Republika Balgariya., Byuletin "Politsiya", br. 31, S., AMVR.

6. SPRAWY EUROJUST DOTYCZĄCE ORGANIZACJI PRZESTĘPCZYCH O CHARAKTERZE MAFIJNYM

Od 2012 r. ponad 145 spraw prowadzonych przez Eurojust dotyczyło włoskich ZGP typu mafii, takich jak Cosa Nostra, Camorra i "Ndrangheta". Prace nad sprawami w Eurojuście potwierdzają ponadnarodowy wymiar włoskich ZGP mafijnych, które na przestrzeni lat skonsolidowały swoje globalne partnerstwa z innymi grupami przestępczymi na całym świecie, działającymi w szczególności w dziedzinie handlu narkotykami i prania pieniędzy.

"Zorganizowana grupa przestępcza" oznacza zorganizowaną grupę składającą się z trzech lub więcej osób, istniejącą przez pewien okres i działającą w zgodzie z celem popełnienia jednego lub więcej poważnych przestępstw lub wykroczeń, ustanowioną zgodnie z niniejszą Konwencją, w celu uzyskania, bezpośrednio lub pośrednio, korzyści finansowych lub innych korzyści materialnych;

Pod-definicje:

"Poważne przestępstwo" oznacza zachowanie stanowiące przestępstwo zagrożone karą pozbawienia wolności, której górna granica wynosi co najmniej cztery lata lub karą surowszą;

"Grupa zorganizowana" oznacza grupę, która nie jest tworzona losowo w celu natychmiastowego popełnienia przestępstwa i która nie musi mieć formalnie określonych ról dla swoich członków, ciągłości swojego członkostwa ani rozwiniętej struktury;

"Wpływy z przestępstwa" oznaczają każde mienie pochodzące z przestępstwa lub uzyskane, bezpośrednio lub pośrednio, w wyniku jego popełnienia;

Termin ***"mafia"***, początkowo używany tylko do określenia sycylijskiego fenomenu, jest obecnie używany do opisu każdej zorganizowanej grupy przestępczej i z pewnością jest jednym ze słów w języku włoskim, który jest najbardziej znany i najczęściej używany na świecie.

Wynika to nie tylko z wpływu mediów, które mają tendencję do upraszczania rzeczywistości za pomocą etykiet, które są często niespójne i mylące. Zjawisko zwane ***"mafią", rozwinięte*** na Sycylii, przedstawia pewne cechy, które uczyniły z niego swego rodzaju paradygmat, czyli ramy odniesienia dla podobnych organizacji, które rozwinęły się gdzie indziej w ostatnich czasach.

Środki masowego przekazu reprezentują mafię jako rodzaj uniwersalnego zła, "ośmiornicę", która kontroluje wszelką działalność przestępczą: od narkotyków po handel bronią, a obecnie nawet substancjami radioaktywnymi. W rzeczywistości sycylijska mafia może być uważana za "zwycięski model" przestępczości zorganizowanej (przynajmniej do tej pory) ze względu na jej złożoność i wieloletnią rolę w społeczeństwie, ale należy zachować ostrożność wobec stereotypów, które zawsze widzą macki ośmiornicy.

Siła mafii leży w jej zdolności do bycia zarówno lokalnym, jak i międzynarodowym i ponadnarodowym, w tym sensie, że rozrosła się do poziomu światowego, nie tracąc przy tym swoich korzeni w sycylijskim społeczeństwie. Jego mocną stroną była historycznie zdolność do łączenia ciągłości z innowacyjnością: nigdy nie porzucił swojej tradycyjnej działalności (na przykład wymuszania), ale wiedział, jak wybrać najbardziej dochodowe działania i stać się ich częścią.

Struktura mafijna:

-Komisarz (Kopuła);

-Capo-mandamento;

-Capo famiglia (Cosca);

-Capo-decina;

-Picciotti/Soldati.

Charakterystyka organizacji mafijnych:

-Lokalne pochodzenie;

-Ewolucja;

-Struktura piramidalna;

-Seminarium inicjacji;

-Kodeks honorowy;

-Zastraszanie i przemoc;

-Działania.

Strategie anty-mafii:

-Tworzenie puli wyspecjalizowanych prokuratorów;

-Adopcja Antymafijnego Kierunek Dochodzeniowy (DIA);

-Prawo do udzielania ochrony osobom współpracującym z prokuratorami (PENTITI);

-Surowy sposób wykonywania kary dożywotniego życia.

Trzy główne włoskie grupy mafijne - Cosa Nostra, Camorra i Ndrangheta - działają na całym świecie, ale utrzymują bardzo niski profil poza granicami Włoch, co utrudnia organom ścigania wykrywanie tych zorganizowanych grup przestępczych.

Władza włoskich mafii polega na kontroli i eksploatacji terytorium i społeczności. Pojęcia rodziny, władzy, szacunku i terytorium są fundamentalne dla zrozumienia dynamiki mafii. Są oni w stanie manipulować wyborami i instalować swoich ludzi na stanowiskach administracyjnych nawet w miejscach odległych od terytoriów, które kontrolują.

Pranie brudnych pieniędzy i handel narkotykami na dużą skalę stanowią przestępczy przedmiot zainteresowania tych grup. Są one jednak również zaangażowane w korupcję, podrabianie pieniędzy i towarów oraz handel odpadami toksycznymi.

Zwłaszcza w okresach kryzysu gospodarczego grupy mafijne mogą wykorzystywać swoje ogromne zasoby, aby łatwo przeniknąć do legalnej gospodarki. Na przykład kalabryjska Ndrangheta zajmuje prawie 44 mld euro rocznie (2013 r.). Te ogromne kwoty pozwalają grupom na zapewnienie bardzo potrzebnej płynności finansowej dla zmagających się z problemami przedsiębiorstw.

Żaden legalny biznes nie może sobie pozwolić na konkurowanie z firmami przestępczymi, które mogą produkować towary i usługi ze stratą w ramach długoterminowej strategii przejmowania rynków. W ten sposób grupy mafijne rozszerzyły swoją obecność na części Włoch i Europy, które nie są historycznie dotknięte przestępczością zorganizowaną, co może mieć poważne negatywne skutki dla gospodarki UE w dłuższej perspektywie.

Od 2012 r. ponad 145 spraw prowadzonych przez Eurojust dotyczyło włoskich ZGP typu mafii, takich jak Cosa Nostra, Camorra i "Ndrangheta". Prace nad sprawami w Eurojuście potwierdzają ponadnarodowy wymiar włoskich ZGP mafijnych, które na przestrzeni lat skonsolidowały swoje globalne partnerstwa z innymi grupami przestępczymi na całym świecie, działającymi w szczególności w dziedzinie handlu narkotykami i prania pieniędzy. Poza praniem w obcych krajach dochodów z nielegalnych działań prowadzonych we Włoszech, te ZGP masowo przeniknęły do legalnej gospodarki wielu państw członkowskich, takich jak Hiszpania (szczególnie faworyzowana przez włoską Camorrę), Niderlandy, Rumunia, Francja, Niemcy i Zjednoczone Królestwo, w tym poprzez obecność w tych państwach członkowskich niebezpiecznych włoskich zbiegów wraz z ich sieciami współpracowników i mediatorów. Tego typu infiltracje są zazwyczaj przeprowadzane bezpośrednio przez podmioty stowarzyszone z OCG lub za pośrednictwem jej frontmanów poprzez inwestycje w nieruchomości oraz udział w zamówieniach publicznych lub prywatnych, w szczególności w dziedzinie budownictwa, użyteczności publicznej i usuwania odpadów. Zgodnie z włoskim ustawodawstwem karnym "udział w organizacji przestępczej" jest samodzielnym przestępstwem, podlegającym karze długoletniego pozbawienia wolności na mocy art. 416 i 416a włoskiego kodeksu karnego, zgodnie z wymogami art. 2 decyzji ramowej Rady 2008/841/WSiSW w sprawie zwalczania przestępczości zorganizowanej. Nie wszystkie państwa członkowskie przyjęły jednak podobne przepisy uznające "udział w organizacji przestępczej" za odrębne przestępstwo. Po wykonaniu tych czynności zakres stosowania i kary związane z takimi przestępstwami są bardzo zróżnicowane, podobnie jak możliwości i wymogi dotyczące stosowania specjalnych technik dochodzeniowych, takich jak podsłuchiwanie. Doświadczenie pokazuje, że istnienie różnych definicji prawnych i brak odpowiednika dla art. 416a włoskiego kodeksu karnego powoduje poważne przeszkody prawne i operacyjne dla skutecznej współpracy sądowej. Eurojust wspierał udane operacje, określając wyzwania stojące przed sądami i proponując rozwiązania, w tym zwiększając wykorzystanie wspólnych zespołów dochodzeniowo-śledczych, uwzględniając różne ramy prawne i podejścia prokuratorskie wobec włoskich ZGP istniejących na szczeblu krajowym. Władze włoskie, przy wsparciu włoskiego biura Eurojustu, poinformowały swoje odpowiedniki w dotkniętych państwach członkowskich o konkretnym zagrożeniu ze strony włoskich ZGP typu mafii działających na ich terytorium, a także udzieliły pomocy w identyfikacji i gromadzeniu dowodów dotyczących przestępstwa wstępnego (często prania pieniędzy) oraz omówiły i uzgodniły skoordynowane środki operacyjne służące likwidacji tych grup, wykorzystując specjalne techniki dochodzeniowe, takie jak podsłuchy, a ostatnio także wspólne zespoły dochodzeniowo-śledcze. Kilka spraw zarejestrowanych przez Italian National Desk jest w toku. Przykład sprawy z powodzeniem wspieranej przez Eurojust ukazuje wyzwania. Włoskie dochodzenie w sprawie ZGP zrzeszonej w Camorra dotyczyło handlu wszelkiego rodzaju podrobionymi towarami (np. generatorami elektrycznymi, piłami łańcuchowymi, młotami wiertarskimi i odzieżą). Nielegalne produkty zostały wyprodukowane w Chinach, a we Włoszech umieszczono na nich fałszywe etykiety znanych firm. Towary były rozprowadzane na całym świecie przez port w Neapolu. Ponadto urządzenia i narzędzia elektryczne, którymi handlowała OCG, nie spełniały norm bezpieczeństwa UE. Działalność przestępcza była bardzo dochodowa (np. cena generatora elektrycznego, wyprodukowanego w Chinach za 35 EUR, sprzedanego za 400 EUR, podczas gdy legalna marka kosztowałaby 1 250 EUR). ZGP miała swoją siedzibę w okolicach Neapolu, ale jej nielegalne działania rozciągają się na ponad dwadzieścia krajów w Europie, a także na Australię i Islandię. Wysiłki koordynacyjne Eurojustu pomogły władzom włoskim i innym władzom krajowym odbudować ZGP i osiągnąć wspólne zrozumienie sposobu jej działania na szczeblu krajowym. Uzgodniono wspólną strategię operacyjną i skoordynowane działania.

Strategia koncentrowała się na wszczynaniu i prowadzeniu krajowych dochodzeń w sprawie prania pieniędzy, równolegle z pierwotnymi dochodzeniami w sprawie udziału w mafijnym OCG, prowadzonymi we Włoszech. Eurojust wspierał równoległe krajowe dochodzenia i realizację ponad 30 włoskich wniosków o MLA. Pomyślne zakończenie operacji, koordynowanych za pośrednictwem Eurojustu, przy wsparciu analitycznym Europolu, zaowocowało równoległymi działaniami prowadzonymi w siedmiu państwach członkowskich (CZ, DE, ES, FR, IT, SE, UK), w wyniku których aresztowano 67 osób, przeszukano 143 magazyny i zajęto ponad 800 ton podrobionych materiałów oraz odzyskano aktywa przekraczające 11 mln EUR. Eurojust przyjął do wiadomości rezolucję Parlamentu Europejskiego z dnia 25 października 2016 r. w sprawie zwalczania korupcji i działań następczych w związku z rezolucją CRIM wzywającą Komisję do przedłożenia sprawozdania z oceny transpozycji decyzji ramowej Rady 2008/841/WSiSW w sprawie zwalczania przestępczości zorganizowanej.

W Europie i na poziomie międzynarodowym problemem jest opracowanie prawa karnego przeciwko przestępczości zorganizowanej i wyeliminowanie warunków sprzyjających rozwojowi tejże przestępczości. Kilka przykładów: zaadoptowanie zbrodni stowarzyszenia typu mafijnego; zniesienie zakazu narkotyków, tajemnicy bankowej i innych form nieprzejrzystości systemu finansowego. Wszystkie te aspekty są związane z ogólnym kontekstem współczesnego społeczeństwa.

Kontrast między legalnością a rzeczywistością. Przykład: zakaz używania narkotyków został potwierdzony na Konwencji Narodów Zjednoczonych z grudnia 1988 r., ale pomimo niepewnych działań mających na celu zmniejszenie popytu i powstrzymanie handlu narkotykami, jego stosowanie wzrosło, a dilerzy narkotyków zgromadzili i nadal gromadzą ogromne ilości kapitału. Zniesienie zakazu nie zlikwiduje mafii i innych fomów przestępczości zorganizowanej, które prowadzą inną działalność i poświęcą im więcej czasu lub znajdą nowe, ale z pewnością ograniczy ich zdolność do gromadzenia kapitału i wyemancypuje narkomanów z niewoli handlarzy narkotyków bez skrupułów. Od wielu lat w debacie o zakazie dominują obawy etyczne i ideologiczne, ale dziś dyskusja koncentruje się głównie na konkretnych tematach, takich jak stosunek kosztów do korzyści środków represyjnych, przepełnione więzienia, paraliż systemu sądownictwa, rozprzestrzenianie się AIDS wśród narkomanów, polityka "redukcji szkód".

PODSUMOWANIE

Jeśli chcemy skutecznie zwalczać przestępczość zorganizowaną, musimy działać w wielu kierunkach:

Wiedza. Potrzebujemy odpowiedniej wiedzy na temat ewolucji przestępczości zorganizowanej i w tym celu konieczne jest znalezienie sieci wśród różnych podmiotów: urzędów sądowych, organów ścigania, komisji parlamentarnych, instytucji badawczych itp.

Współpraca międzynarodowa w zakresie harmonizacji przepisów, procedur i działań w zakresie egzekwowania prawa.

Zapobieganie, działanie na strukturalne przyczyny rozprzestrzeniania się przestępczości zorganizowanej: ubóstwo, udogodnienia oferowane przez gospodarkę, powiązania z instytucjami itp.

W ten sposób walka z mafią i przestępczością zorganizowaną może stać się częścią globalnej polityki na rzecz demokracji, współistnienia i rozwoju, zapewniając zaspokojenie podstawowych potrzeb wszystkich istot ludzkich (Albańczyk, Marinelli, 2013, 367-394; Ardizzi, Petraglia, Piacenza, Schneider, Turati, 2014a, 1555-1590; ARIEL, 2015; Barone, G., Narciso, G., 2015a; Barone, Narciso, 2015b, 98-110; Bassiouni, 1996, s.143; Bassiouni, 2008a, s.24Buonanno, Durante, Prarolo, Vanin, 2015c, 175-202; Buonanno, Pazzona, 2014b, 75-81; Calderoni, 2011a, 41-69; Cassese, 2008b, s. 98; Daniele, Marani, 2011b, 132-142; Delmelle, Opfergelt, Cornelis, Ping, 2015d, s. 1253-1264; Ivanov, 2005, s. 76.Kolarov, 2012a, s.14; Mihaylov, 2003, s. 107; Miller, 2009, 750-68; Panayotov, 2012b, s.275; Paunova, Datsov, 2010, s.73; Robinson, 2002, s.497-525; Velchev, 2015e, s.208 - 209).

LISTA REFERENCYJNA

Albanese, G., Marinelli, G. (2013). Przestępczość zorganizowana i produktywność: Dowody z Firm-Level Data. Rivista Italiana degli Economisti 28(4), 367-394.

Ardizzi, G., Petraglia, C., Piacenza, M., Schneider, F., Turati, G. (2014a). Pranie pieniędzy jako przestępstwo w sektorze finansowym: Nowe podejście do oceny ilościowej, z wnioskiem do Włoch. Journal of Money, Credit and Banking 46(8), 1555-1590.

ARIEL. (2015a). Infiltracja przestępczości zorganizowanej przez legalne przedsiębiorstwa w Europie: Projekt pilotażowy w pięciu krajach europejskich. Raport końcowy z projektu ARIEL, Transcrime.

Barone, G., Narciso, G. (2015b). Przestępczość zorganizowana i subwencje biznesowe: Gdzie idą pieniądze? Journal of Urban Economics 86, 98-110.

Bassiouni, Ch. (1996). Przestępstwa międzynarodowe: Jus Cogens i Obligatio Erga Omnes. Prawo i współczesne problemy, tom 59. Uniwersytet Duke'a, s. 143.

Bassiouni, Ch. (2008a). Międzynarodowe prawo karne: Kursy, przedmioty i treści, t. 1, s. 24.

Buonanno, P., Durante, R., Prarolo, G., Vanin, P. (2015c). Biedne instytucje, bogate kopalnie: Kurs zasobów i pochodzenie sycylijskiej mafii. The Economic Journal, 125(586), 175-202.

Buonanno, P., Pazzona, M. (2014b). Migrująca mafia. Nauka regionalna i ekonomia miejska 44, 75-81.

Calderoni, F. (2011a). Gdzie jest mafia we Włoszech? Pomiar Obecności Mafii we włoskich prowincjach. Global Crime 12(1), 41-69.

Cassese, Ant. (2008b). "Międzynarodowe prawo karne. Oxford, s. 98.

Daniele, V., Marani, U. (2011b). Przestępczość zorganizowana, jakość instytucji lokalnych i BIZ we Włoszech: A Panel Data Analysis. European Journal of Political Economy 27(1), 132-142.

Delmelle, P., Opfergelt, S., Cornelis, J., Ping, C. (2015d). Gleby wulkaniczne. W:

Sigurdsson, H., Houghton, B., Stix, J., McNutt, S. (Eds.), Encyklopedia Wulkanów, Academic Press, str. 1253-1264.

Ivanov, Vl. (2005). Ohranata na darzhavnite granitsi i noviyat svetoven red, S., s. 76.

Kolarov, T. (2012a). Sadebno satrudnichestvo mezhdu darzhavite-chlenki na Evropeyskiya sayuz v borbata s transgranichnata organizirana prestapnost, S., s. 14.

Mihaylov, D. (2003). Mezhdunarodno nakazatelno pravo, S., s. 107.

Miller, N. H. (2009). Leniency strategiczni i egzekwowanie kartelu. American Economic Review 99(3), 750-68.

Panajotow, Pl. (2012b). Nakazatelnoto pravo na Evropeyskiya sayuz i balgarskoto nakazatelno pravo, S., s. 275.

Paunova, L., Pl. Datsov. (2010). Organizirana prestapna grupa. S., s. 73.

Robinson, P. (2002). The Missing Crimes. Rzymski Statut Międzynarodowego Trybunału Karnego: Komentarz. Oxford, s. 497-525.

Velchev, B. (2015e). Mezhdunarodno nakazatelno pravo, S., ss. 208 - 209.

7. KONCEPCJA WSPÓLNYCH ZESPOŁÓW DOCHODZENIOWO-ŚLEDCZYCH

Celem jest zapewnienie informacji, wskazówek i porad dla praktyków w zakresie tworzenia wspólnych zespołów dochodzeniowo-śledczych (JIT). Został on opracowany przez sieć wspólnych zespołów dochodzeniowo-śledczych - we współpracy z Eurojustem, Europolem i OLAF-em - i udoskonala poprzedni podręcznik dla wspólnych zespołów dochodzeniowo-śledczych w świetle zdobytych doświadczeń praktycznych.

Ramy prawne UE dotyczące tworzenia wspólnych zespołów dochodzeniowo-śledczych między państwami członkowskimi można znaleźć w art. 13 konwencji UE o wzajemnej pomocy prawnej z 2000 r.1 oraz w decyzji ramowej z 2002 r. w sprawie wspólnych zespołów dochodzeniowo-śledczych2. Do chwili obecnej wszystkie państwa członkowskie wdrożyły jedną lub obie te podstawy prawne.

Wspólny zespół dochodzeniowo-śledczy to międzynarodowe narzędzie współpracy oparte na porozumieniu między właściwymi organami - zarówno sądowymi (sędziami, prokuratorami, sędziami śledczymi...), jak i organami ścigania - dwóch lub więcej państw, ustanowione na czas określony i w określonym celu, w celu prowadzenia dochodzeń karnych w jednym lub więcej z zaangażowanych państw. W porównaniu z tradycyjnymi formami współpracy policyjnej i sądowej wspólne zespoły dochodzeniowo-śledcze mają następującą wartość dodaną: - wspólne zespoły dochodzeniowo-śledcze umożliwiają bezpośrednie gromadzenie i wymianę informacji i dowodów bez konieczności korzystania z tradycyjnych kanałów wzajemnej pomocy prawnej (MLA). informacjami i dowodami zebranymi zgodnie z prawodawstwem państwa, w którym działa zespół, można dzielić się (wyłącznie) na podstawie umowy JIT; oraz - oddelegowani członkowie zespołu (tj. ci pochodzący z państwa innego niż państwo, w którym działa JIT) są uprawnieni do obecności i udziału - w granicach przewidzianych w prawodawstwie krajowym lub określonych przez szefa JIT - w czynnościach dochodzeniowych prowadzonych poza państwem pochodzenia. Z tych powodów wspólne zespoły dochodzeniowo-śledcze stanowią bardzo wydajne i skuteczne narzędzie współpracy, które ułatwia koordynację dochodzeń i ścigania prowadzonych równolegle w kilku państwach.

Kwestie ogólne. Aby umożliwić skuteczne działanie JIT, partnerzy JIT mogą chcieć uzgodnić - jeśli nie zostały one już uwzględnione w samej umowie o JIT - praktyczne ustalenia dotyczące między innymi następujących kwestii:

Cele badawcze (zarówno krótko-, jak i średnioterminowe);

Wymiana informacji i dowodów: kanały komunikacji i częstotliwości, tj. wykorzystanie SIENA dostępnej za pośrednictwem Europolu jako bezpiecznego środka przekazywania informacji osobowych lub szczególnie chronionych, lub bezpiecznej poczty elektronicznej dostępnej za pośrednictwem sprzętu Eurojustu;

Koordynacja działań dochodzeniowych: częstotliwość i tryb (bezpośredni kontakt lub łącze wideo) odpraw operacyjnych;

Rola oddelegowanych członków: termin i czas trwania oddelegowania; możliwe zadania w państwie prowadzenia operacji;

Administracja i logistyka: język roboczy, wyposażenie (pomieszczenia biurowe, pojazdy, sprzęt informatyczny, inne), zasoby, personel;

Wymogi dotyczące ujawniania i dopuszczalności: wyjaśnienie odpowiednich przepisów krajowych i określenie konkretnych wymogów, które mogą być istotne z punktu widzenia operacji JIT;

Wsparcie finansowe: role i obowiązki związane ze składaniem wniosków o finansowanie i wniosków o zwrot kosztów;

Strategie prokuratorskie: ustalenia dotyczące jurysdykcji, w tym ewentualnego przeniesienia postępowania.

Kwestie związane z przestępczością. Partnerzy JIT mogą również chcieć rozważyć te dodatkowe ustalenia w odniesieniu do następujących przestępstw: Handel ludźmi: specjalne ustalenia dotyczące wsparcia dla ofiar; Handel narkotykami: postępowanie z próbkami i ich dalsza analiza kryminalistyczna, w tym pokrycie wydatków; fałszowanie euro: współpraca z Europejskim Bankiem Centralnym i/lub bankami krajowymi; także z grupą Europolu ds. fałszowania pieniędzy; pranie pieniędzy i odzyskiwanie aktywów: koordynacja współpracy z państwami trzecimi; szczegółowe ustalenia dotyczące finansowego wymiaru dochodzeń, ustalenia dotyczące wykrywania, zamrażania, konfiskaty, zarządzania aktywami i dzielenia się nimi między partnerami wspólnego zespołu dochodzeniowo-śledczego (oraz, w stosownych przypadkach, z państwami nieuczestniczącymi w wspólnym zespole dochodzeniowo-śledczym), w tym konieczność pilnego zastosowania środków zapobiegających rozproszeniu aktywów, wykorzystanie istniejących sieci (takich jak CARIN i inne regionalne sieci odzyskiwania aktywów); podrabianie: warunki zaangażowania podmiotów prywatnych; wszczynanie i koordynacja .w dochodzeniach finansowych; przestępstwa przeciwko mieniu: przechowywanie zajętych przedmiotów, w tym podział wydatków na przechowywanie; cyberprzestępczość: warunki udziału podmiotów prywatnych;

udział państw spoza UE; jeżeli wymagane jest wyjaśnienie konkretnych aspektów różnych rodzajów przestępstw, można zwrócić się do ekspertów i analityków Europolu oraz biur krajowych Eurojustu i znaleźć rozwiązania podczas spotkań operacyjnych/koordynacyjnych.

Ramy prawne. Ramy prawne UE dotyczące tworzenia wspólnych zespołów dochodzeniowo-śledczych między państwami członkowskimi można znaleźć w art. 13 konwencji UE o wzajemnej pomocy prawnej z 2000 r. oraz w decyzji ramowej w sprawie wspólnych zespołów dochodzeniowo-śledczych z 2002 r. Do chwili obecnej wszystkie państwa członkowskie wdrożyły jedną lub obie te podstawy prawne.

Europejski nakaz dochodzeniowy nie może być wykorzystywany do wnioskowania o utworzenie JIT.

Wspólne zespoły dochodzeniowo-śledcze mogą być również tworzone na podstawie innych instrumentów międzynarodowych, w szczególności z właściwymi organami państw spoza Unii Europejskiej i pomiędzy nimi. Poniższe instrumenty zawierają podstawę prawną dla tworzenia wspólnych zespołów dochodzeniowo-śledczych:

- Umowa między Unią Europejską a Republiką Islandii i Królestwem Norwegii w sprawie stosowania niektórych postanowień Konwencji z dnia 29 maja 2000 r. o pomocy prawnej w sprawach karnych pomiędzy Państwami Członkowskimi Unii Europejskiej oraz Protokołu z 2001 r. do niej;
- Artykuł 5 Umowy o wzajemnej pomocy prawnej między Unią Europejską a Stanami Zjednoczonymi Ameryki;
- Artykuł 27 Konwencji o współpracy policyjnej w Europie Południowo-Wschodniej (PCC-SEE), obowiązującej kilka państw członkowskich (Austria, Bułgaria, Węgry, Rumunia, Słowenia) oraz kraje bałkańskie (Albania, Bośnia i Hercegowina, Była Jugosłowiańska Republika Macedonii, Mołdawia, Czarnogóra, Serbia);
- Artykuł 20 Drugiego protokołu dodatkowego do Europejskiej konwencji o pomocy prawnej;

- Artykuł 9 Konwencji Narodów Zjednoczonych o zwalczaniu nielegalnego obrotu środkami odurzającymi i substancjami psychotropowymi;

- Artykuł 19 Konwencji Narodów Zjednoczonych przeciwko międzynarodowej przestępczości zorganizowanej (UNTOC);

- Artykuł 49 Konwencji Narodów Zjednoczonych przeciwko korupcji (UNCAC);

- Umowy dwustronne między zainteresowanymi państwami.

Nie wszystkie z powyższych instrumentów mają zastosowanie między tymi samymi państwami. Dlatego też odniesienie się do kilku z tych podstaw prawnych w umowie o JIT może być konieczne w JIT, w które zaangażowane są państwa spoza UE. Ponadto treść przepisów dotyczących JIT, które mogą się różnić w zależności od instrumentu, może uzasadniać wprowadzenie do samej umowy o JIT ustaleń szczególnych - uzupełniających stosowny(-e) instrument(-y).

Można zapoznać się z wnioskami z 10. dorocznego posiedzenia ekspertów wspólnych zespołów dochodzeniowo-śledczych, aby uzyskać przegląd konkretnych wyzwań stojących przed wspólnymi zespołami dochodzeniowo-śledczymi z udziałem państw spoza UE oraz możliwych rozwiązań.

Względy praktyczne. Oprócz wymogów prawnych, przy ocenie potrzeby utworzenia wspólnego zespołu dochodzeniowo-śledczego w praktyce uwzględnia się również względy praktyczne; niektóre z nich przedstawiono poniżej:

- złożoność i wyrafinowanie sieci/działań przestępczych będących przedmiotem dochodzenia,

- liczbę i stopień złożoności działań dochodzeniowych, które należy przeprowadzić w zainteresowanych państwach, oraz

- stopień powiązania dochodzenia między zainteresowanymi państwami.

W zdecydowanej większości przypadków, w odniesieniu do których ustanowiono wspólne zespoły dochodzeniowo-śledcze, w państwach, których dotyczy postępowanie, prowadzone są równoległe dochodzenia. Dochodzenia nie zawsze jednak mogły być wszczynane we wszystkich zainteresowanych państwach, gdy rozważany jest JIT (ale tylko w jednym lub kilku z nich). W takich sytuacjach pierwszym krokiem jest często wszczęcie dochodzenia krajowego w innych zainteresowanych państwach. W przypadku gdy dochodzenie jest już w toku, pewną rolę może odegrać odpowiedni etap dochodzeń krajowych: w szczególności organy krajowe mogą być bardziej skłonne do angażowania się w JIT, gdy ich dochodzenie jest jeszcze na stosunkowo wstępnym etapie, a dochodzenia prowadzone w innych państwach są na równoważnym etapie. Jeżeli w danym przypadku występują powiązania między więcej niż dwoma krajami, pod uwagę bierze się również ich odpowiedni poziom zaangażowania: czasami na pierwszym etapie uzgadnia się, że wspólny zespół monitorujący nie zostanie utworzony między wszystkimi zainteresowanymi krajami, ale między krajami najbardziej zaangażowanymi, podczas gdy współpraca innych krajów zostanie nawiązana w ramach umowy MLA. W przypadku gdy jedno lub kilka państw chciałoby przystąpić do JIT na późniejszym etapie, zawsze istnieje możliwość zmiany pierwotnej umowy. Mając to na uwadze, zaleca się, by organy ścigania i organy sądowe z państw rozważających utworzenie wspólnego zespołu dochodzeniowo-śledczego spotkały się w celu jak najszybszego omówienia tej kwestii przed złożeniem formalnego wniosku i osiągnięciem porozumienia. Eurojust i Europol mogą odegrać kluczową rolę w tym zakresie, umożliwiając organom krajowym - podczas spotkań operacyjnych lub koordynacyjnych - uczestnictwo w nich:

- Aby uzyskać pełniejszy międzynarodowy obraz sprawy,
- omówienie celowości i zasad wszczynania równoległych dochodzeń z myślą o utworzeniu wspólnego zespołu dochodzeniowo-śledczego, oraz
- wyjaśnienie krajowych wymogów dotyczących składania formalnego wniosku o utworzenie wspólnego zespołu technicznego (co w niektórych państwach stanowi warunek wstępny jego utworzenia).

Porozumienie JIT. W celu ułatwienia tworzenia wspólnych zespołów dochodzeniowo-śledczych opracowano wzór umowy. Dokument ten można pobrać, we wszystkich językach urzędowych i w edytowalnym formacie, na stronach internetowych Eurojustu i Europolu. Wzór umowy JIT stanowi wspólną, niewiążącą podstawę, którą praktycy mogą dostosować do konkretnych potrzeb danej sprawy. W związku z tym standardowe przepisy są czasami przeformułowywane w celu odzwierciedlenia wymogów ustawodawstwa krajowego lub ustaleń ad hoc. Wzór umowy zawiera również użyteczną listę obejmującą większość punktów, którymi należy się zająć, aby wspólny zespół dochodzeniowo-śledczy mógł wykonywać swoje działania w bezpieczny sposób. W praktyce model unijny jest stosowany w zdecydowanej większości wspólnych zespołów dochodzeniowo-śledczych utworzonych między państwami członkowskimi UE. Ponadto model ten okazał się wystarczająco elastyczny, aby służyć jako podstawa do dyskusji z państwami spoza UE z pewnym dostosowaniem do różnych podstaw prawnych. Niektóre państwa członkowskie opracowały również dwustronne wzory umów, które mogą być pomocne w przewidywaniu kwestii, które mogą pojawić się w tym konkretnym kontekście, i przyspieszyć dyskusje na temat treści umowy o wspólnym komitecie dochodzeniowo-śledczym. Po osiągnięciu porozumienia co do zasady w sprawie utworzenia wspólnego zespołu dochodzeniowo-śledczego Eurojust może udzielić pomocy w sporządzeniu umowy o wspólnym zespole dochodzeniowo-śledczym i omówieniu - za pośrednictwem krajowych przedstawicieli zainteresowanych państw członkowskich - klauzul wymaganych do uzupełnienia lub odstąpienia od wzoru umowy. Najlepsza praktyka w tym zakresie polega na wypełnieniu wzoru umowy we wspólnym języku roboczym i przetłumaczeniu go na języki urzędowe zainteresowanych państw członkowskich dopiero po uzgodnieniu przez partnerów treści dokumentu. W trakcie trwania JIT pierwotne porozumienie może zostać zmienione za obopólną zgodą stron w przypadku, gdy konieczna jest zmiana jego treści (np. zmiany w zakresie badanych przestępstw, zaangażowanie nowej strony, skład zespołu, cele lub przedłużenie czasu trwania).

Skład zespołu. Każda ze stron umowy JIT powołuje następujące osoby:

- Przywódca (przywódcy) JIT, odpowiedzialny (odpowiedzialni) w szczególności za nadzorowanie działań JIT, gdy zespół działa na terytorium danego państwa. Przepisy krajowe zazwyczaj określają, który organ jest właściwy do ustanowienia JIT (w stosownych przypadkach, zgodnie z mechanizmem wydawania zezwoleń) i który organ jest właściwy do działania jako lider JIT

- Członkowie JIT - w większości przypadków organy ścigania - którzy będą wykonywać czynności dochodzeniowe/działania operacyjne. Wyznaczeni członkowie, którzy są obecni i biorą udział w dochodzeniu poza państwem pochodzenia, działają ze statusem "oddelegowanych członków JIT".

Między właściwymi organami co najmniej dwóch państw może zostać ustanowiony JIT. W praktyce nierzadko zdarza się, że wspólne zespoły dochodzeniowo-śledcze tworzone są przez większą liczbę partnerów, co może uzasadniać podjęcie szczególnych ustaleń w celu ułatwienia wymiany informacji i dowodów.

Planowanie i koordynacja działań operacyjnych. Aby osiągnąć swoje cele, wspólne zespoły dochodzeniowo-śledcze wymagają skutecznej koordynacji postępowań krajowych i planowania działań dochodzeniowych/procesorskich. Koordynacja i planowanie ułatwiają również składanie wniosków o wsparcie finansowe, które opierają się na szacunkowych kosztach planowanych działań operacyjnych. Z tych powodów praktycy określili potrzebę zajęcia się tymi praktycznymi aspektami w ramach zespołu i uzgodnienia konkretnych ustaleń. Lista kontrolna została opracowana w taki sposób, aby podjęte ustalenia mogły zostać włączone do specjalnego dokumentu, jeżeli zostanie to uznane za stosowne (tzw. "operacyjnego planu działania"). W praktyce odnotowano jednak wyraźne preferencje dla bardziej nieformalnych rozwiązań. Jako narzędzia planowania wykorzystuje się okresowe spotkania - w szczególności te wspierane przez Eurojust i Europol -. Wnioski z posiedzeń odzwierciedlają poczynione ustalenia. Niezależnie od tego, jaki format zostanie uznany za lepszy, zaleca się omówienie i w miarę możliwości odnotowanie praktycznych ustaleń dotyczących działań operacyjnych JIT, które nie zostały jeszcze określone w umowie o JIT.

PODSUMOWANIE

JIT jest tworzony na czas określony, który może być w razie potrzeby przedłużony, zgodnie z ustaleniami partnerów. Zaleca się, aby partnerzy konsultowali i koordynowali w odpowiednim czasie ewentualne przedłużenie współpracy, aby uniknąć braku ciągłości w ramach współpracy. W miarę możliwości należy unikać podejmowania jednostronnych decyzji o pozostawieniu trwającego wspólnego zespołu dochodzeniowo-śledczego. Szczególną uwagę należy zwrócić na sytuacje, w których ze względu na różne ramy czasowe właściwe organy jednego państwa muszą zakończyć dochodzenie - a tym samym zakończyć swoje zaangażowanie we wspólny zespół dochodzeniowo-śledczy - podczas gdy inni partnerzy nadal potrzebują współpracy. Z otrzymanych informacji zwrotnych wynika, że kwestię tę należy odpowiednio przewidzieć i być może trzeba będzie znaleźć doraźne rozwiązania. Najpóźniej przed zamknięciem JIT18 konieczne może okazać się rozważenie przez partnerów JIT ugody w sprawie jurysdykcji i praktycznych kroków z nią związanych (np. przeglądu zakresu odpowiednich postępowań, podziału lub ewentualnego przekazania jurysdykcji itp.), choć podjęte ustalenia mogą zostać wdrożone po zamknięciu JIT. Ocena JIT przez zaangażowane podmioty ma kluczowe znaczenie dla poszerzenia wiedzy i poprawy funkcjonowania narzędzia. Aby pomóc praktykom w tym procesie, opracowano formularz oceny JIT. Kiedy JIT ma wygasnąć, praktycy są zachęcani do wspólnego przeprowadzenia tej oceny, najlepiej podczas specjalnego spotkania. Ocena jest wymagana w przypadku wspólnych zespołów dochodzeniowo-śledczych, które otrzymały wsparcie finansowe od Eurojustu. Szczegółowe informacje i wskazówki dotyczące oceny wspólnych zespołów dochodzeniowo-śledczych oraz wsparcia, jakiego można udzielić praktykom, można znaleźć tutaj (Boychev, 2007; Costa, 2004a; De Groot, 2005a, s. 83-97; Hristev, 2012a, s. 448; Iliev, 2000, s. 155; Ivanov, 2010a, s. 326; Kolarov, 2012b, s. 54.Kotorowa, 2014, s. 247, Kotorowa, 2009, s. 126; Masheva, 2008a, s. 1; Mihaylov, 2007, s. 174; Mihov, 2010b; Nikolov, 2015; Peers, 2004b, s. 5; Stoykov, 2013a, s. 90; Timchev, 2005b, s.

109; Vitorino, 2003; Vlastnik, 2008b; Yanev, Mihov, Nikolov, 2010c; Yanev, 2013b).

LISTA REFERENCYJNA

Boychev, P. (2007). Tehnichesko razuznavane. Operativni sposobi i protivodeystvie, S.

Costa, J. (2004a). Eurojust wobec Prokuratora Europejskiego, In: Sprawiedliwość i sprawy wewnętrzne w UE Wolność i bezpieczeństwo po rozszerzeniu. Cheltenham: Edward Elgar Publishing.

De Groot, S. (2005a). Mutual trust in (European) extradition law, Handbook on the European Arrest Warrant, T.M.C. Asser Press, str. 83-97.

Hristev, Hr. (2012a). Pravo na Evropeyskiya sayuz/Nakazatelnopravni aspekti, S., s. 448.

Iliev, I. (2000). Upravlenie na politseyskite i spetsialnite sluzhbi, Varna, s. 155.

Ivanov, Vl. (2010a). Upravlenie na shengenskata sigurnost, V: Strategii i poliki na sigurnost, T.2, S., s.326.

Kolarov, T. (2012b). Sadebno satrudnichestvo mezhdu darzhavite-chlenki na Evropeyskiya sayuz v borbata s transgranichnata organizirana prestapnost, S., s. 54.

Kotorowa, I. (2014). Evropeyska prokuratura, S., s.247.

Kotorova, I. (2009). Osobeni molbi za pravna pomosht mezhdu darzhavi-chlenki na Evropeyskiya sayuz po Konventsiya 2000, V:Modus operendi. Mezhdunarodno pravno satrudnichestvo po nakakazatelni dela, S., s. 126.

Masheva, D. (2008a). Mezhdunarodno pravno satrudnichestvo pri osashtestvyavane na razsledvaniya na prestapleniya, zasyagashti finansovite interesi na Evropeyskiya sayuz, S., s.1.

Mihaylov, D. (2007). Problemi na nakazatelnoto pravo. Obshta chast. S., s. 174.

Mihov S. (2010b). Transgranichno presledvane przeciwko Shengenskoto prostranstvo, sp. Professional, br. 5, S.

Nikolov, P. (2015). Teoretichni i prilozhni aspekti na vzaimodeystvieto mezhdu politseyskite organi na sasedni darzhavi pri transgranichno presledvane, V: Byuletin na AMVR, Fakultet "Politsiya", br. 33, S.

Peers, S. (2004b). Wzajemne uznawanie i prawo karne w Unii Europejskiej: Czy Rada się myli?, CMLR 41, 1, 2004, s. 5.

Stoykov, St. (2013a). Nakazatelnopravna zashtita na sredstva ot Evrofondovete, S., s. 90.

Timchev, L. (2005b). Protivodeystvie na terorizma ot politseyskite organi za izdavane na dokumenti za samolichnost i kontrol na migratsiyata, S., s.109.

Vitorino, A. (2003). Komisarz JNA, Poprawa współpracy transgranicznej między organami śledczymi i prokuratorskimi. Przemówienie 03 \219, Haga, 29.04.2003.

Vlastnik, J. (2008b). Eurojust - Kamień węgielny federalnego systemu sądownictwa karnego w UE?, W: Bezpieczeństwo a sprawiedliwość Współpraca policyjna i sądowa w Unii Europejskiej. Farnham, Surrey i Londyn: Ashgate Publishing Limited.

Yanev, R., S. Mihov, P. Nikolov. (2010c). Politseysko satrudnichestvo v Shengen, V: Byuletin na AMVR, Fakultet "Politsiya", br. 27, S.

Yanev, R. (2013b). Politseyskoto satrudnichestvo v shengenskoto prostranstvo - chast ot vissheto spetsialno obrazovanie v Akademiyata na MVR na Republika Balgariya., Byuletin "Politsiya", br. 31, S., AMVR.

8. EUROPEJSKI NAKAZ ARESZTOWANIA. WYGLĄD I PREFERENCJE DOTYCZĄCE SPEŁNIENIA

Europejski krajobraz morski obszaru ograniczonego (ERA) oraz decyzja Rady Europy Unii Europejskiej (2002/584 / TAC) z dnia 13 czerwca 2002 r. zostały opublikowane w Dzienniku Urzędowym Wspólnoty Europejskiej z dnia 18 lipca 2002 r. Europejski nakaz aresztowania obowiązuje w Unii Europejskiej przed wejściem w życie konwencji o ekstradycji, pomiędzy Unią Europejską a formalnym obywatelstwem Procedura ekstradycji w przypadku zdrady między państwami członkowskimi UE a UE na podstawie europejskiego nakazu aresztowania. Problem opiera się na zasadzie wzajemnego zaufania między organem ds. obciążeń-członków oraz na wzajemnym uznawaniu publikacji aktu zgromadzenia przez organ karny na jednorocznym członku i kierowaniu go do władz, tak aby organ ten był członkiem państwa członkowskiego UE.

Kiedy Komisja Europejska publikuje swój własny wniosek dotyczący decyzji w sprawie europejskiego nakazu aresztowania, jak również w okresie wypowiadania się na temat bezwarunkowego zaprzestania działalności, wszyscy obywatele państw członkowskich UE są nadal pod silnym wpływem aktu terrorystycznego z dnia 11 września 2001 r. W momencie wprowadzenia balu, który jest ważniejszy niż walka z międzynarodowym terroryzmem i przestępczością zorganizowaną, jest to główny priorytet i został sfinalizowany w decyzji w sprawie europejskiego nakazu aresztowania. Jest on przekazywany do zatwierdzenia.

Europejski nakaz aresztowania/EAW/ opiera się na zasadzie cech jakościowych, ponieważ jest częściowo uprzedzony podwójną karą, ograniczoną do krajowych zakazów zbliżania się, jeśli chodzi o obywateli, praktykę i pieczęcie, są wzajemnie uznawane w momencie dokonywania aktu i mają swobodę przemieszczania się w ramach UE.

Zgodnie z konwencją EKG z 1957 r. oraz konwencją z 1995 r. i 1996 r., rozwiązanie dotyczące ENA określano mianem "ekstradycji", podobnie jak myśli o "państwie składającym wniosek" i "państwie rozpatrującym wniosek", tradycyjnie stosowane w produkcji nakazów ekstradycji. Zamiast ciebie, w czasie z terminem" zdradzony "przez osobę, "wydawców", "wykonujących" organ sądowy.

Niko Kaiser i Oto Lagodni uważają, że ENA jest formą ekstradycji. Opinia Todora Kolarowa była odwrotna. Różnica polega na ekstradycji, która charakteryzuje się dwoma etapami - sądowym i administracyjnym. Decyzja jest podejmowana w fazie arbitrażu, co jest powodem odmowy sarkastycznego rozstrzygnięcia, a decyzja jest ostateczna.

Zepsute przez Pavlinę Panovą, produkty z wiadomości są w powietrzu za współpracę międzynarodową karzącą, a niektórzy radykałowie wnosząc decyzję o ENA jest określany przez rząd krajowy, który jest obok decyzji o zdrajcy na twarzy osoby ważnej w ENA. Zgodnie z decyzją o "zdrajcy" flopa z "organu sądowego" i w sprawie definicji wyłączenia pola na władzę polityczną, władza jest zdradzana.

Z elementem europejskiego nakazu aresztowania, który służy do wstępnego oszacowania względów politycznych, jest typowy dla ekstradycji do fazy administracyjnej, pominiętej. Tylko strach na wróble jest zgodny z przepisami proceduralnymi, co jest pewnym warunkiem swobodnego przepływu na mocy decyzji w ramach UE. Decyzja ENA przemawia w imieniu wydawców i odgrywa rolę "organu sądowego". Relacja ta nie rozwija się na płaszczyźnie międzypaństwowej, jak w przypadku produkcji ekstradycyjnej, ale między organizacjami w ramach struktury ponadnarodowej, jak UE.

Kolegium zajmowało się dwiema ogólnymi kwestiami związanymi ze stosowaniem ENA. Pierwsza kwestia była związana ze stosowaniem art. 3 ust. 2 decyzji ramowej Rady 2002/584/WSiSW w sprawie europejskiego nakazu aresztowania (DR w sprawie ENA) (podstawy do obligatoryjnej odmowy wykonania ENA). Kwestia ta dotyczyła gromadzenia informacji prawnych i praktycznych na temat skutków nieusunięcia nakazu z systemu informacyjnego Schengen (SIS) II i baz danych INTERPOL-u w przypadku, gdy osoba podlegająca europejskiemu nakazowi aresztowania lub wnioskowi o ekstradycję została ostatecznie rozpatrzona w postępowaniu karnym na tej samej podstawie faktycznej w innym państwie członkowskim. Druga kwestia ogólna dotyczyła gromadzenia informacji praktycznych i prawnych na temat wykonania w państwach członkowskich art. 24 decyzji ramowej w sprawie europejskiego nakazu aresztowania (przekazanie odroczone lub warunkowe), a mianowicie tego, czy przepis ten został w pełni wykonany, a jeśli tak, to jakie warunki zostały nałożone przez organy sądowe państw członkowskich w celu umożliwienia takiego "tymczasowego przekazania". Eurojust nadal odgrywał kluczową rolę w poprawie współpracy w sprawach karnych między państwami członkowskimi (art. 3 ust. 1 lit. b) decyzji o Eurojuście), w szczególności dzięki: (i) ułatwianie wykonania ENA oraz wymiany informacji między organami krajowymi; (ii) ustanowienie linii komunikacyjnych między organami krajowymi w celu wyjaśnienia rozbieżnych wniosków na szczeblu krajowym dotyczących przepisów DR w sprawie ENA; (iii) wyjaśnienie wymogów prawnych zarówno organów wydających, jak i wykonujących; (iv) doradztwo w zakresie sporządzania ENA zarówno przed ich wydaniem, jak i w trakcie ich nowelizacji; oraz (v) koordynacja wydawania i wykonywania ENA oraz przyczynianie się do zapobiegania ewentualnym konfliktom jurysdykcji. Niektóre z kwestii prawnych i praktycznych, które Eurojust napotkał w swoich pracach nad sprawami dotyczącymi ENA w 2014 r., dotyczyły tych kwestii:

Trudności związane z odmienną wykładnią i stosowaniem w praktyce zasady szczególności (art. 27 ust. 2, art. 3 lit. g) i art. 4 DR w sprawie ENA) w przypadkach, w których po przekazaniu trzecie państwo członkowskie zwraca się do wydającego państwa członkowskiego o wysłuchanie przekazanej osoby, a wniosek ten zostaje odrzucony na tej podstawie, że zgody na przeprowadzenie tego "przesłuchania podejrzanego" należy szukać w państwie członkowskim wykonującym nakaz, podczas gdy w przypadku trzeciego państwa członkowskiego "przesłuchanie" podejrzanego nie jest równoznaczne z "ściganiem", a zatem zgoda nie jest uważana za konieczną;

Dodatkowe kwestie związane z zasadą szczególności (art. 27 ust. 4 decyzji ramowej w sprawie europejskiego nakazu aresztowania) w przypadkach, w których po przekazaniu osoby państwo członkowskie wydające nakaz zwraca się do państwa członkowskiego wykonującego nakaz o zgodę na podstawie art. 27 ust. 4 decyzji ramowej w sprawie europejskiego nakazu aresztowania, aby umożliwić temu pierwszemu pilne doręczenie (zbliżał się termin) aktu oskarżenia wobec przekazanej osoby w związku z odrębnym, niezwiązanym z nim przestępstwem i umożliwienie mu postawienia przed sądem tego odrębnego zarzutu; po odmowie wyrażenia zgody, trwają rozmowy mające na celu ustalenie środków, jakimi dysponuje wydające państwo członkowskie, aby umożliwić co najmniej zawieszenie biegu terminu do wniesienia oskarżenia;

Kwestie związane z wynikającym z prawa niektórych państw członkowskich wymogiem wysłuchania osoby, której dotyczy wniosek, zanim będą one mogły wydać europejski nakaz aresztowania, oraz trudności wynikające z faktu, że miejsce pobytu tej osoby jest znane zarówno państwu członkowskiemu prowadzącemu dochodzenie, jak i państwu członkowskiemu, w którym osoba ta się znajduje, ale nie może jeszcze zostać aresztowana;

Różne interpretacje rodzaju gwarancji przewidzianej w art. 5 ust. 3 decyzji ramowej w sprawie europejskiego nakazu aresztowania (powrót osoby do wykonującego państwa członkowskiego w celu odbycia kary orzeczonej w wydającym państwie członkowskim), wymaganej przez wykonujące państwo członkowskie, oraz związany z tym spór dotyczący tego, które państwo członkowskie (wydające lub wykonujące) powinno następnie ponieść koszty powrotu po rozprawie (różne opinie na temat ewentualnej mającej zastosowanie podstawy prawnej: DR w sprawie ENA, decyzja ramowa Rady 2008/909/WSiSW o stosowaniu zasady wzajemnego uznawania do wyroków skazujących na karę pozbawienia wolności lub inny środek polegający na pozbawieniu wolności - w celu wykonania tych wyroków w Unii Europejskiej);

Kwestie związane z wycofaniem ENA, jeżeli przyczyny wycofania nie są jasne dla państwa członkowskiego wykonującego nakaz, a na jego wykonanie włożono już znaczne wysiłki i zasoby;

kwestia proporcjonalności wynikająca z europejskiego nakazu aresztowania wydanego w celu ponownego rozpoznania sprawy dotyczącej drobnego przestępstwa; oraz

Kwestie związane z ochroną praw podstawowych, a mianowicie czy warunki panujące w zakładzie karnym są odpowiednie dla osoby cierpiącej na chorobę psychiczną, oraz gotowość wydającego państwa członkowskiego do dostarczenia dodatkowych informacji dotyczących gwarancji związanych z warunkami panującymi w zakładzie karnym.

Eurojust nadal rozwijał również swoją pomoc dla państw członkowskich w odniesieniu do konkurencyjnych ENA (art. 16 ust. 2 DR o ENA). Zgodnie z tym przepisem wykonujące nakaz organy sądowe mogą zwrócić się do Eurojustu o udzielenie porady w sprawie miejsca przekazania osoby, której dotyczą nakazy aresztowania wydane przez dwa lub więcej państw członkowskich. W 2017 r. Eurojust został formalnie poproszony o udzielenie takiej porady w czterech sprawach. Eurojust zapewniał doradztwo i wiedzę fachową na wczesnym etapie, w drodze negocjacji lub bezpośredniego kontaktu z zainteresowanymi organami na posiedzeniach koordynacyjnych Eurojustu. Spotkania koordynacyjne stanowią istotne miejsce, ponieważ umożliwiają omówienie aktualnej sytuacji i istniejących problemów w danej sprawie oraz osiągnięcie porozumienia w sprawie strategii, np. priorytetu ENA, a w przypadku równoległych dochodzeń i postępowań w sprawie tego samego postępowania. W odniesieniu do naruszeń terminów wykonania ENA art. 17 ust. 7 FD dotyczący ENA stanowi, że w wyjątkowych okolicznościach, jeśli państwo członkowskie nie może dotrzymać terminów przewidzianych w art. 17, informuje o tym Eurojust i podaje przyczyny opóźnienia. W 2017 r. w Eurojuście odnotowano 123 przypadki naruszenia terminów. Sześć z tych przypadków wymagało dalszych działań. Piąty rok z rzędu Irlandia zgłosiła największą liczbę naruszeń. Inne sprawy zostały przekazane przez Republikę Czeską, Hiszpanię, Łotwę, Bułgarię, Chorwację i Zjednoczone Królestwo.

Od czasu wydania przez Trybunał Sprawiedliwości UE wyroku w sprawie Aranyosi i Căldăraru w dniu 5 kwietnia 2016 r. Eurojust odnotował wzrost liczby spraw dotyczących ENA, w których organy sądowe napotykały na trudności w wykonywaniu ENA ze względu na rzekomo nieodpowiednie warunki w więzieniach w wydających je państwach członkowskich. W lutym Kolegium przeprowadziło dyskusję tematyczną na temat ENA i warunków panujących w więzieniach w celu wymiany doświadczeń i najlepszych praktyk. Podczas dyskusji uczestnicy odnieśli się również do wyżej wymienionego orzeczenia i jego wpływu na sprawy krajowe oraz przeanalizowali perspektywy dalszego wsparcia Eurojustu dla krajowych praktyków. Ponadto w listopadzie Eurojust był gospodarzem spotkania ekspertów, zorganizowanego przez Agencję Praw Podstawowych Unii Europejskiej, poświęconego stworzeniu narzędzia do oceny warunków przetrzymywania. Eksperci krajowi z 12 państw członkowskich, jak również przedstawiciele Agencji Praw Podstawowych Unii Europejskiej, Komisji, Sekretariatu Europejskiej Sieci Sądowej i Eurojustu, omówili opracowanie możliwych narzędzi oceny warunków osadzenia. Wynik dyskusji zostanie przedstawiony w sprawozdaniu FRA. Eurojust sporządził również notatkę informacyjną na temat wyroku w sprawie Petruhhin (sprawa C-182/15) i roli Eurojustu, opublikowaną jako dokument Rady. 15786/17 LIMITY. Celem niniejszej noty jest poinformowanie osób wykonujących zawody prawnicze w państwach członkowskich o konsekwencjach wyroku w sprawie Petruhina oraz o roli, jaką może odegrać w tym względzie Eurojust. W nocie informacyjnej podsumowano wyrok, wymieniono niektóre z głównych kwestii związanych ze stosowaniem tego wyroku i wreszcie omówiono możliwą rolę Eurojustu w tym kontekście.

PODSUMOWANIE

Europejski nakaz aresztowania jest pierwszym instrumentem w połączeniu z Aktem Praktyki, jest praktycznie zgodny z zasadą wzajemnego uznawania na mocy decyzji wymiaru sprawiedliwości, podobnie jak akt dotyczący UE w formie decyzji ramowej.

Na podstawie doświadczeń biur krajowych Eurojustu w związku ze zgłaszaniem takich naruszeń przez władze krajowe, w nocie poruszono kwestię usług, jakie Eurojust może świadczyć na poziomie operacyjnym i strategicznym, aby zachęcić państwa członkowskie do wywiązywania się z obowiązku informowania Eurojustu o takich naruszeniach oraz ich przyczyn, a także poruszono główne kwestie zidentyfikowane w związku z tymi powiadomieniami.

Jeśli chodzi o rolę Eurojustu, członkowie forum konsultacyjnego stwierdzili, że Eurojust odgrywał i powinien nadal odgrywać kluczową rolę w stosowaniu ENA, poprzez

Poprawa wzajemnego zrozumienia systemów prawnych państw członkowskich oraz stymulowanie i ułatwianie konsultacji między państwami członkowskimi;

Koordynacja i dostarczanie organom krajowym odpowiednich informacji prawnych; oraz

udzielanie pomocy w tłumaczeniu ENA. Inny wniosek był taki, że należy zwiększyć rolę Eurojustu jako ośrodka wiedzy prawnej i praktycznej w dziedzinie ENA. Eurojust opracował również użyteczne instrumenty, które mogą pomóc osobom zajmującym się złożonymi sprawami ENA, np. wytyczne Eurojustu dotyczące podejmowania decyzji w sprawie konkurujących ze sobą ENA, i będzie nadal dostarczać aktualnych informacji na temat orzecznictwa europejskiego, kwestii konstytucyjnych i powtarzających się problemów praktycznych związanych ze stosowaniem ENA (Blextoon, 2005a, s. 228-232; De Groot, 2005b, s. 83-97; Dikov, 2005c, s.11).Keijzer, 2003a, s. 139; Kolarov, 2012a, s. 113; Kotorova, 2014, ss. 125-126; Kotorowa, 2009a, s.126; Lagodny, 2003b, s.39; Marinova, 2009b, s.22; Masheva, 2008a, s.1; Morgan, 2005d, s.197; Panayotov, 2012b, s.275; Panova, 2009c, s.20Peers, 2004a, str. 5; Plachta, 2008b, str. 108; Van den Wyngaert, 2004b, str. 215; Van der Wilt, 2005e, str. 99-103; Velchev, 2001, s. 168; Vlastnik, 2008c; Voynova, 2015).

LISTA REFERENCYJNA

Blextoon, R. (2005a). The Double Criminality Requirement, Handbook on the European Arrest Warrant, T.M.C., str. 228-232.

De Groot, S. (2005b). Mutual trust in (European) extradition law, Handbook on the European Arrest Warrant, T.M.C. Asser Press, str. 83-97.

Dikov, E. (2005c). Razsledvane na prestapleniyata terorizam i trafik na hora. S., s. 11.

Keijzer, N. (2003a). The Double Criminality Requirement, Handbook on the European Arrest Warrant, s. 139.

Kolarov, T. (2012a). Sadebno satrudnichestvo mezhdu darzhavite chlenki na Evropeyskiya sayuz v borbata s transgranichnata organizirana prestapnost, S., s. 113.

Kotorowa, I. (2014). Evropeyska prokuratura, S., ss. 125-126.

Kotorova, I. (2009a). Osobeni molbi za pravna pomosht mezhdu darzhavi-chlenki na Evropeyskiya sayuz po Konventsiya 2000, V:Modus operendi. Mezhdunarodno pravno satrudnichestvo po nakakazatelni dela, S., s. 126.

Lagodny, O. (2003b). Extradition Without A Granting Procedure: The Concept of "Surrender", Handbook on the European Arrest Warrant, s. 39.

Marinova, G. (2009b). Ekstraditsiyata i Evropeyskata zapoved za arest, S., s. 22.

Masheva, D. (2008a). Mezhdunarodno pravno satrudnichestvo pri osashtestvyavane na razsledvaniya na prestapleniya, zasyagashti finansovite interesi na Evropeyskiya sayuz, S., s.1.

Morgan, C. (2005d). The European Arrest warrant and the defendant's rights, Handbook on the European Arrest Warrant, T.M.C., s. 197.

Panajotow, Pl. (2012b). Nakazatelnoto pravo na Evropeyskiya sayuz i balgarskoto nakazatelno pravo, S. s. 275.

Panova, P. (2009c). Evropeyskata zapoved za arest, S., s.20.

Peers, S. (2004a). Wzajemne uznawanie i prawo karne w Unii Europejskiej: Czy Rada się myli?, CMLR 41, 1, s. 5.

Plachta, M. (2008b). Rola podwójnej przestępczości w międzynarodowej współpracy w sprawach karnych. W: Podwójna przestępczość. str. 108.

Van den Wyngaert, C. (2004b). Eurojust i Prokurator Europejski, In: Europejska Przestrzeń Wolności, Bezpieczeństwa i Sprawiedliwości. Oksford: Oxford University Press, s. 215.

Van der Wilt, H. (2005e). The EAW and the principle ne bis in idem, Handbook on the European Arrest Warrant, T.M.C., str. 99-103.

9. EUROPEJSKI NAKAZ ARESZTOWANIA I PRAWA CZŁOWIEKA W ODNIESIENIU DO OSKARŻONEGO

Ekstradycja jest jedną z kwestii, w które Europa była zaangażowana od samego początku, a więc pierwsza konwencja w tej sprawie została sporządzona w 1957 roku przez Radę Europy. Europejski nakaz aresztowania został ustanowiony na mocy decyzji ramowej UE w 2002 r. Wraz z ratyfikacją decyzji ramowej Rady z dnia 13 czerwca 2002 r. w sprawie europejskiego nakazu aresztowania i procedury wydawania osób między państwami członkowskimi, ENA zniósł formalną ekstradycję między państwami członkowskimi UE i zastąpił ją systemem wydawania osób. ENA radykalnie zmienił istniejące uzgodnienia dotyczące współpracy (państwa członkowskie UE mogą jednak nadal stosować dwustronne lub wielostronne umowy między państwami członkowskimi UE). Celem było wyeliminowanie różnic pomiędzy systemami prawnymi we wszystkich państwach członkowskich, gdy są one sprzeczne z minimalnym standardem UE. Państwa członkowskie są zobowiązane do wdrożenia decyzji ramowej do ustawodawstwa krajowego.

Od momentu wejścia w życie w dniu 1 stycznia 2004 r. decyzji ramowej Rady z dnia 13 czerwca 2002 r. w sprawie europejskiego nakazu aresztowania (ENA) i procedury wydawania osób między państwami członkowskimi (zwanej dalej "decyzją ramową Rady") minęło ponad siedem lat. W dostępnych statystykach sporządzonych za lata 2005-2009 odnotowano 54 689 wydanych i 11 630 wykonanych ENA. W tym okresie od 51 % do 62 % osób poproszonych wyraziło zgodę na ich przekazanie, średnio w ciągu 14-17 dni. Średni czas wydania dla tych, którzy nie wyrazili zgody, wynosił 48 dni. Kontrastuje to bardzo korzystnie ze stanowiskiem przyjętym przed wejściem w życie MAEAW, zgodnie z którym ekstradycja osób, których dotyczy wniosek, odbywała się średnio przez jeden rok, i niewątpliwie wzmocniło swobodny przepływ osób w UE poprzez zapewnienie skuteczniejszego mechanizmu gwarantującego, że otwarte granice nie będą wykorzystywane przez osoby starające się uniknąć wymiaru sprawiedliwości.

Niemniej jednak ostatnie siedem lat pokazało również, że pomimo swojego operacyjnego sukcesu, system ENA jest daleki od doskonałości. Państwa członkowskie, parlamentarzyści europejscy i krajowi, grupy społeczeństwa obywatelskiego i poszczególni obywatele wyrazili pewne obawy dotyczące funkcjonowania ENA, a w szczególności jego wpływu na prawa podstawowe. Istnieją również niedociągnięcia w sposobie wdrażania decyzji ramowej Rady przez niektóre państwa członkowskie.

Od grudnia 2009 r., w wyniku wejścia w życie traktatu lizbońskiego i prawnie wiążącego charakteru Karty praw podstawowych, postanowienia traktatu lizbońskiego regulujące instrumenty legislacyjne w dziedzinie współpracy policyjnej i sądowej zmieniły kontekst, w którym działa ENA. Zgodnie z Traktatem, w każdym przypadku zmiany instrumentu przed wejściem w życie traktatu lizbońskiego, takiego jak decyzja ramowa Rady, do zmienionego środka stosuje się uprawnienia Komisji do wszczęcia postępowania w sprawie uchybienia zobowiązaniom państwa członkowskiego oraz jurysdykcję Europejskiego Trybunału Sprawiedliwości. Ponadto każda zmiana decyzji ramowej Rady oznacza, że zastosowanie będą miały nowe przepisy wprowadzone przez traktat lizboński w celu przyjęcia środków legislacyjnych w tej dziedzinie. Zasady te obejmują procedurę współdecydowania między Parlamentem Europejskim a Radą oraz możliwość nieuczestniczenia niektórych państw członkowskich.

Innym ważnym skutkiem traktatu lizbońskiego jest nadanie mocy wiążącej Karcie praw podstawowych UE. Ponadto UE przystąpi jako podmiot do europejskiej konwencji praw człowieka. Komisja przyjęła ostatnio strategię mającą na celu zapewnienie poszanowania Karty praw podstawowych UE, która będzie stanowić podstawę jej podejścia do wszystkich nowych i istniejących inicjatyw ustawodawczych i nieustawodawczych (w tym ENA), a także podejścia państw członkowskich podczas wdrażania lub stosowania decyzji ramowej Rady.

ENA może zostać wydany przeciwko danej osobie, jeżeli została ona oskarżona o popełnienie przestępstwa (o maksymalnym wymiarze kary co najmniej

12 miesięcy pozbawienia wolności) w państwie członkowskim Unii Europejskiej (UE) i państwo to chce postawić ją przed sądem. Może być również wydany, jeśli byłeś sądzony i skazany w państwie członkowskim UE i państwo to chce, abyś odbył karę pozbawienia wolności (w przypadku gdy jest to kara co najmniej 4 miesięcy). ENA może zostać wydany w odniesieniu do szerokiego zakresu przestępstw, od udziału w poważnej przestępczości zorganizowanej i terroryzmie do bardziej drobnych przestępstw, takich jak kradzieże. W niektórych przypadkach możesz zostać poddany ekstradycji, nawet jeśli domniemana działalność nie jest przestępstwem w kraju rozpatrującym wniosek o ekstradycję. Osoba podlegająca europejskiemu nakazowi aresztowania jest chroniona zarówno podczas wykonywania europejskiego nakazu aresztowania w kraju, w którym została aresztowana, jak i w kraju, który dąży do jej aresztowania i ekstradycji. Z jednej strony, sąd ekstradycyjny (nie) orzeka w dwóch przypadkach, z których jeden jest zazwyczaj najwyższym sądem w kraju. Na stanowisko tego podmiotu w dużym stopniu wpływają gwarancje, jakie posiada on na mocy prawa państwa, w którym zostanie poddany ekstradycji. Ponadto oba kraje są związane dwustronnymi umowami i innymi wielostronnymi instrumentami, które są ratyfikowane i dotyczą podstawowych praw człowieka i wolności. Komisja Europejska stwierdziła, że niektóre państwa (Dania, Litwa, Polska, Portugalia) nie określiły w wystarczającym stopniu niektórych przepisów proceduralnych, co może prowadzić do naruszenia praw oskarżonego. Jeśli chodzi o ochronę praw człowieka w decyzji ramowej UE, w rozdziale 1, zgodnie z zasadami ogólnymi, art. 1 ust. 3: "Niniejsza decyzja ramowa nie powoduje zmiany obowiązku przestrzegania praw podstawowych i podstawowych zasad prawnych określonych w art. 6 Traktatu o Unii Europejskiej.

ENA - ostra broń

Zgodnie z art. 1 ust. 1 decyzji ramowej 2002/584 europejski nakaz aresztowania może mieć zastosowanie do dwóch sytuacji. Zatem europejski nakaz aresztowania może zostać wydany z jednej strony w celu przeprowadzenia postępowania karnego, a z drugiej strony w celu wykonania kary pozbawienia wolności lub środka zabezpieczającego. ENA może zostać wydany w odniesieniu do każdego przestępstwa, które zgodnie z prawem państwa wydającego jest zagrożone karą o maksymalnym wymiarze co najmniej 12 miesięcy lub, w przypadku gdy dana osoba została już skazana, pod warunkiem że jest to kara o wymiarze co najmniej czterech miesięcy pozbawienia wolności. ENA miał trzy cele: skrócenie czasu potrzebnego na ekstradycję danej osoby z jednego państwa członkowskiego UE do drugiego; po drugie, poprzez ustanowienie tego instrumentu, utrudnienie podejrzanym i skazanym uchylania się od wymiaru sprawiedliwości; i po trzecie, zrównoważenie prawa do swobodnego przemieszczania się w UE z odpowiednimi zabezpieczeniami w celu ograniczenia nadużyć tego przywileju. Nie ma wątpliwości, że ENA był niezwykle skuteczny; czasy ekstradycji w UE dramatycznie spadły. Od dnia 1 stycznia 2004 r., kiedy to wszedł w życie program ENA, średni czas potrzebny do przeprowadzenia ekstradycji podejrzanego, który sprzeciwia się ekstradycji, skrócił się z około roku do 48 dni. W przypadku osób, które wyrażają zgodę na ekstradycję (większość w większości lat), średni okres do ekstradycji wynosi 14-17 dni. Stanowi to istotną zmianę w zakresie wydajności i skuteczności systemów wymiaru sprawiedliwości w UE. Niestety, pojawiło się wiele trudności. Niektóre z nich są częściowo wynikiem sukcesu systemu, co czyni go atrakcyjnym instrumentem dla organów sądowych. W pewnym sensie, ENA jest ofiarą własnego sukcesu.

Prawa człowieka

Współpraca sądowa i policyjna jest niezbędna do zwalczania poważnej przestępczości transgranicznej, ale nie powinna odbywać się kosztem podstawowych praw człowieka. Niestety, ENA są wykonywane pomimo poważnych i uzasadnionych obaw dotyczących praw człowieka. Na mocy ENA ekstradytuje się coraz więcej osób, które mają być przetrzymywane przez wiele miesięcy w więzieniu, setki mil od domu, czekając na proces, często w przerażających warunkach, które uniemożliwiają przygotowanie procesu. Istnieją dwa problemy dotyczące praw człowieka i ENA:

W niektórych państwach implikacje ekstradycji w zakresie praw człowieka nie są w ogóle brane pod uwagę przed wydaniem nakazu ekstradycji; oraz

W przypadku gdy państwa uznają za przeszkodę dla praw człowieka w ekstradycji, przeszkodę tę interpretuje się w sposób, który ustala ją na tak wysokim poziomie, że jej spełnienie jest praktycznie niemożliwe (nawet jeżeli przedstawiono szczegółowe i aktualne dowody dotyczące ryzyka naruszenia w przypadku ekstradycji). Po dokonaniu ekstradycji osoby te doświadczają konkretnych naruszeń praw, o których próbowały poinformować sąd podczas rozprawy ekstradycyjnej. Oba te problemy wynikają z podejścia do ekstradycji, które stawia wzajemne uznawanie ponad prawami człowieka osoby, której dotyczy wniosek, i stawia ślepą wiarę w państwie wydającym jako gwaranta praw podstawowych.

Prawa do obrony Osoby poszukiwane na podstawie ENA nie mają zapewnionej reprezentacji prawnej w państwie wydającym, jak również w państwie wykonującym. Decyzja ramowa w sprawie ENA stanowi, że osoba poszukiwana do ekstradycji musi mieć przedstawicielstwo prawne w wykonującym nakaz państwie członkowskim (art. 11 - prawa osoby, której dotyczy wniosek). Nie ma odniesienia do zastępstwa prawnego w państwie wydającym. Oznacza to, że większość osób, których dotyczy wniosek, jest reprezentowana na rozprawie ekstradycyjnej przez prawnika, który nie zna prawa i praktyki państwa wydającego ani warunków w nim panujących. W praktyce utrudnia to uzyskanie informacji na temat kluczowych kwestii dotyczących sprawy, ponieważ informacje te mogą być uzyskane jedynie przez prawnika w jurysdykcji wydającej. Różne standardy sądowe w całej UE wzbudziły wśród prawników i grup działających na rzecz praw człowieka obawy, że niektóre z osób poddanych ekstradycji w ramach postępowania w sprawie ENA zostały potraktowane niesprawiedliwie. Pojawiły się skargi osób ubiegających się o wydanie ENA na podstawie skąpych dowodów, długich okresów aresztu tymczasowego oraz osób nieotrzymujących podstawowej pomocy umożliwiającej im prowadzenie sprawy, np. dostępu do adwokata na osobności. Obecnie dana osoba może wnieść sprawę do Europejskiego Trybunału Praw Człowieka, jeżeli doszło do naruszenia EKPC, ale może to zrobić dopiero po wystąpieniu domniemanego naruszenia i po wyczerpaniu wszystkich krajowych dróg prawnych. W 2009 roku Rada uzgodniła w ramach szerszych prac UE nad poprawą współpracy w dziedzinie przestępczości i wymiaru sprawiedliwości, że w UE powinny istnieć wspólne normy w zakresie podstawowych praw oskarżonych. Uzgodniono prawo do tłumaczenia pisemnego i ustnego, a Parlament rozpatruje środek zobowiązujący aresztowanych do poinformowania ich o przysługujących im prawach. Komisja opublikowała wnioski o udzielenie porady prawnej wszystkim osobom zatrzymanym, o umożliwienie im poinformowania członka rodziny lub pracodawcy o ich zatrzymaniu, a jeśli są za granicą, o umożliwienie im poinformowania ambasady lub konsulatu ich kraju pochodzenia o ich zatrzymaniu i przyjęcia wizyt konsularnych. Trwają prace nad kwestią tymczasowego aresztowania, ale państwa członkowskie uzgodniły już decyzję ramową umożliwiającą wzajemne uznawanie orzeczeń sądowych w sprawie nadzoru, tak aby dana osoba mogła wrócić do państwa pochodzenia za kaucją i być tam nadzorowana, a nie przetrzymywana w areszcie.

PODSUMOWANIE

Należy kontynuować dalszą analizę we właściwych organach w celu zapewnienia praktykom skutecznych instrumentów prawnych, tak aby w stosownych przypadkach zeznania podejrzanych mogły być uzyskane w drodze wzajemnej pomocy prawnej lub instrumentów opartych na zasadzie wzajemnego uznawania, które nie pociągałyby za sobą wydania danej osoby. Mając jednak na uwadze różnice między systemami prawnymi państw członkowskich, w przypadku gdy podjęcie środków nielegislacyjnych nie będzie zadowalające, Rada zgodziła się ponownie przeanalizować tę kwestię w przyszłości. Jest mało prawdopodobne, by podstawowe zasady leżące u podstaw ENA, takie jak zniesienie podwójnej karalności, zostały zmienione pomimo obaw związanych z prawami człowieka. Poważną możliwością są jednak dalsze zmiany dotyczące kwestii proporcjonalności i UE będzie kontynuować swój program w celu zapewnienia wspólnych podstawowych praw dla oskarżonych w całej UE. Pod warunkiem, że państwa członkowskie będą skłonne do współpracy na rzecz usprawnienia systemu ENA, może on nadal stanowić ważne narzędzie w walce z przestępczością w Europie. Dla wiarygodności ENA zasadnicze znaczenie ma zajęcie się tymi kwestiami w celu utrzymania zaufania publicznego. Sprawiedliwość musi posługiwać się mieczem obosiecznym z ostrożnością, aby nie zrobić sobie krzywdy (Blextoon, 2005, s. 228-232; De Groot, 2005b, s. 83-97; Dikov, 2005c, s. 11; Keijzer, 2003a, s. 139; Kolarov, 2012a, s. 113; Kotorova, 2014, ss. 125-126; Kotorowa, 2009a, s. 126; Lagodny, 2003b, s. 39; Marinova, 2009b, s. 22; Masheva, 2008a, s.1; Morgan, 2005d, s. 197; Panayotov, 2012b, s.275; Panova, 2009c, s.20Peers, 2004a, s. 5; Plachta, 2008b, s. 108; Van den Wyngaert, 2004b, s. 215; Van der Wilt, 2005e, s. 99-103; Velchev, 2001, s. 168; Vlastnik, 2008c; Zimonjić, 2015, s. 98 - 104).

LISTA REFERENCYJNA

Blextoon, R. (2005a). The Double Criminality Requirement, Handbook on the European Arrest Warrant, T.M.C., str. 228-232.

De Groot, S. (2005b). Mutual trust in (European) extradition law, Handbook on the European Arrest Warrant, T.M.C. Asser Press, str. 83-97.

Dikov, E. (2005c). Razsledvane na prestapleniyata terorizam i trafik na hora. S. 2005, s. 11.

Keijzer, N. (2003a). The Double Criminality Requirement, Handbook on the European Arrest Warrant, s. 139.

Kolarov, T. (2012a). Sadebno satrudnichestvo mezhdu darzhavite chlenki na Evropeyskiya sayuz v borbata s transgranichnata organizirana prestapnost, S., s. 113.

Kotorowa, I. (2014). Evropeyska prokuratura, S. ss. 125-126.

Kotorova, I. (2009a). Osobeni molbi za pravna pomosht mezhdu darzhavi-chlenki na Evropeyskiya sayuz po Konventsiya 2000, V:Modus operendi. Mezhdunarodno pravno satrudnichestvo po nakakazatelni dela, S., s. 126.

Lagodny, O. (2003b). Extradition Without A Granting Procedure: The Concept of

"Surrender", Handbook on the European Arrest Warrant, s. 39.

Marinova, G. (2009b). Ekstraditsiyata i Evropeyskata zapoved za arest, S., s. 22.

Masheva, D. (2008a). Mezhdunarodno pravno satrudnichestvo pri osashtestvyavane na razsledvaniya na prestapleniya, zasyagashti finansovite interesi na Evropeyskiya sayuz, S., s.1.

Morgan, C. (2005d). The European Arrest warrant and the defendant's rights, Handbook on the European Arrest Warrant, T.M.C., s. 197.

Panajotow, Pl. (2012b). Nakazatelnoto pravo na Evropeyskiya sayuz i balgarskoto nakazatelno pravo, S., s. 275.

Panova, P. (2009c). Evropeyskata zapoved za arest, S., s.20.

Peers, S. (2004a). Wzajemne uznawanie i prawo karne w Unii Europejskiej: Czy Rada się myli?, CMLR 41, 1, 2004, s. 5.

Plachta, M. (2008b). Rola podwójnej przestępczości w międzynarodowej współpracy w sprawach karnych. W: Podwójna przestępczość, s. 108.

Van den Wyngaert, C. (2004b). Eurojust i Prokurator Europejski, In: Europejska Przestrzeń Wolności, Bezpieczeństwa i Sprawiedliwości. Oksford: Oxford University Press, s. 215.

Van der Wilt, H. (2005e). The EAW and the principle ne bis in idem, Handbook on the European Arrest Warrant, T.M.C., str. 99-103.

Velchev, B. (2001). Imunitetat po nakazatelnoto pravo na Republika Balgariya, S., s. 168.

Vlastnik, J. (2008c). Eurojust - Kamień węgielny federalnego systemu sądownictwa karnego w UE?, W: Bezpieczeństwo a sprawiedliwość Współpraca policyjna i sądowa w Unii Europejskiej. Farnham, Surrey i Londyn: Ashgate Publishing Limited.

Zimonjić, B. (2015). Problem z wdrażaniem praw człowieka przy wykonywaniu europejskiego nakazu aresztowania, In: International Journal- Vallis Aurea, Croatia, December 2015, Vol. 1, N 2, pp. 98 -104.

10. MIGRACJA JAKO ZAGROŻENIE DLA BEZPIECZEŃSTWA UE

10.1 Polityka migracyjna na szczeblu UE: Przegląd historyczny

UE stopniowo zdobywała kompetencje w dziedzinie migracji i azylu. Nasz przegląd współpracy w kwestiach migracji pochodzi z 1985 r., czyli z konwencji z Schengen. Konwencja z Schengen ma na celu przede wszystkim gruntowną integrację wśród - wówczas ograniczonej - liczby państw członkowskich. Wraz z otwarciem granic wewnętrznych pojawiły się problemy związane z imigracją. W związku z tym państwa członkowskie zaangażowały się w nieformalne negocjacje międzyrządowe, w wyniku których powstały konwencje i zalecenia mające na celu złagodzenie tych obaw.

Od 1992 r. ma miejsce stopniowa instytucjonalizacja kompetencji w zakresie migracji. Traktat z Maastricht, również traktat o Unii Europejskiej, wprowadził strukturę filarową. Trzeci filar dotyczył obszaru sprawiedliwości i spraw wewnętrznych. Wspólnocie przyznano początkowo ograniczone uprawnienia, co pozwoliło Radzie na przyjęcie większością kwalifikowaną środków dotyczących wiz, a mianowicie na określenie, kto musi posiadać wizę, aby wjechać na terytorium Unii, oraz standardowego wzoru wizy dla wszystkich krajów Schengen. Migracja, azyl i kontrola granic pozostałyby w dalszym ciągu międzyrządowe w ramach trzeciego filaru. Obszary "wspólnego zainteresowania" w ramach wymiaru sprawiedliwości i spraw wewnętrznych to: polityka azylowa, zasady przekraczania przez osoby granic zewnętrznych państw członkowskich i przeprowadzania kontroli na takich granicach, polityka imigracyjna i polityka wobec obywateli krajów trzecich, zwalczanie narkomanii, zwalczanie nadużyć finansowych na skalę międzynarodową, współpraca sądowa w sprawach cywilnych, współpraca sądowa w sprawach karnych, współpraca celna i współpraca policyjna. Przydzielenie tych obszarów do trzeciego filaru oznacza brak kontroli sądowej, brak kontroli parlamentarnej i wymóg jednomyślności w Radzie.

Od 1992 r. ministrowie ds. imigracji wydali zalecenia w zakresie nielegalnej imigracji. W zaleceniach tych sformułowano zasady, które powinny regulować kontrolę imigracji. Poruszane tematy dotyczyły wydalenia, nielegalnego zatrudnienia, ale także readmisji. W odniesieniu do tego ostatniego Rada wydała trzy zalecenia: jedno dotyczące wzoru dwustronnej umowy o readmisji, drugie dotyczące standardowego dokumentu podróży i trzecie zalecenie dotyczące zasad przewodnich przy sporządzaniu protokołu wykonawczego w sprawie readmisji.

Włączenie *dorobku* Schengen do ram prawnych Unii Europejskiej zwiększyło potrzebę włączenia migracji, azylu i granic do sfery wspólnotowej. Ponieważ Schengen przewiduje zniesienie granic wewnętrznych, przepisy trzeciego filaru uznano za nieodpowiednie do rozwiązania nowych problemów, które by się z tym wiązały. Jeśli chodzi o readmisję, prezydencja austriacka przedstawiła w 1998 r. projekt dokumentu strategicznego w sprawie polityki imigracyjnej i azylowej, który wskazywał na niepokojący wzrost liczby odmów readmisji obywateli własnego kraju. Okazało się zatem, że dwustronne umowy o readmisji były niewystarczające do zapewnienia współpracy. Traktat z Amsterdamu w 1997 r. zaspokoił te potrzeby i przeniósł "wizy, azyl, imigrację i inne polityki związane z wolnością osób" do tytułu IV Traktatu WE. Traktat z Amsterdamu zawierał pięcioletni okres przejściowy po wejściu w życie traktatu w celu zmiany procedury przyjmowania środków na mocy tytułu IV. W ciągu pierwszych pięciu lat Komisja i państwa członkowskie miały prawo inicjatywy. Po zwykłej konsultacji z Parlamentem Europejskim Rada mogłaby przyjąć proponowane środki jednomyślnie. Po upływie tych pięciu lat, w dniu 1 maja 2004 r., Rada może jednomyślnie zdecydować, czy w odniesieniu do wszystkich lub niektórych obszarów objętych tytułem IV wystarczy większość kwalifikowana i czy uprawnienia Trybunału Sprawiedliwości zostaną rozszerzone.

Traktat z Amsterdamu pozostawił kwestię procedur głosowania otwartą do decyzji. Wszystkie zainteresowane strony nie były w stanie porozumieć się co do zakresu międzyrządowości, jaki chciały utrzymać w tej dziedzinie. Przed końcem przejściowego okresu "międzyrządowego", Traktat z Nicei zmienił poprzednie porozumienie. Rezultatem działań podjętych w Nicei było wprowadzenie zróżnicowanych ustaleń z głosowaniem większością kwalifikowaną i współdecydowaniem w sprawie nielegalnej imigracji i kontroli granicznej oraz jednomyślnymi procedurami dotyczącymi legalnej imigracji. Ostatecznie, przestrzegając postanowień z Amsterdamu i zgodnie z ustaleniami programu haskiego, Rada zastosowała procedurę określoną w art. 251 TWE w odniesieniu do prawie całego tytułu IV. W związku z tym od dnia 1 stycznia 2005 r. Komisja uzyskała wyłączne prawo inicjatywy, a Parlament skorzystał z procedury współdecyzji.

Traktat lizboński zniósł strukturę filarową i w ten sposób ponownie połączył obszary sprawiedliwości i spraw wewnętrznych. Jeśli chodzi o imigrację, kompetencje do przyjmowania środków dotyczących legalnej migracji zawsze podlegały procedurze, która wymagała jednomyślności. Obecnie traktat lizboński podporządkowuje go również tytułowi V TFUE, znanemu obecnie jako zwykła procedura ustawodawcza, a wcześniej była to procedura QMV/Coadecision. Konsekwencją tego jest to, że nie jest już wymagana jednomyślność i że Europejski Trybunał Sprawiedliwości ma obecnie pełną jurysdykcję w przestrzeni wolności, bezpieczeństwa i sprawiedliwości.

Dla obszarów, które od 1 stycznia 2005 r. podlegały - obecnie - zwykłej procedurze ustawodawczej, traktat lizboński nie był źródłem wielkich nowości. Największym usprawnieniem jest dalsze rozszerzanie kompetencji Parlamentu Europejskiego. W 2005 r. przyznano jej uprawnienia do współdecydowania o tym, czy Komisja otrzyma mandat negocjacyjny. Ewentualne zawarcie parafowanej umowy o readmisji podlegało art. 300 TWE i zostało zawarte przez QMV w Radzie, co wymagało jedynie konsultacji w PE. Traktat lizboński odpowiedział na obawy PE, wymagając zgody Parlamentu na zawarcie umowy27. Ponadto Parlament "jest niezwłocznie i w pełni informowany na wszystkich etapach procedury"28. Pierwszą umową o readmisji, na którą Parlament wyraził zgodę, była kwestionowana umowa z Pakistanem.

Definicje

Ważne jest, aby używać terminologii, która obejmuje dany temat. Aby zdefiniować odpowiednie pojęcia dla tej pracy doktorskiej, skorzystamy z definicji przedstawionych przez Komisję w jej komunikacie w sprawie wspólnotowej polityki w zakresie powrotu nielegalnych imigrantów.

***Powrót*:** proces powrotu do kraju pochodzenia, tranzytu lub innego państwa trzeciego, w tym przygotowanie i realizacja. Powrót może być dobrowolny lub wyegzekwowany.

***Powrót dobrowolny*:** wspomagany lub niezależny wyjazd do kraju pochodzenia, tranzytu lub innego państwa trzeciego na podstawie woli osoby powracającej.

Powrót przymusowy: przymusowy powrót do kraju pochodzenia, tranzytu lub innego państwa trzeciego, na podstawie aktu administracyjnego lub sądowego.

Readmisja: działanie ze strony państwa przyjmującego ponowny wjazd osoby (własnych obywateli, obywateli państw trzecich lub bezpaństwowców), co do której ustalono, że nielegalnie wjechała, przebywała lub zamieszkiwała w innym państwie.

Umowa o readmisji: umowa określająca wzajemne zobowiązania umawiających się stron, jak również szczegółowe procedury administracyjne i operacyjne mające na celu ułatwienie powrotu i tranzytu osób, które nie spełniają lub przestały spełniać warunek wjazdu, przebywania lub pobytu w państwie rozpatrującym wniosek.

10.2 Przestrzeń sprawiedliwości, bezpieczeństwa i wolności: Programy

Państwa członkowskie UE rozpoczęły współpracę w dziedzinie migracji i azylu od czasu traktatu z Maastricht w 1992 roku. Jednakże państwa członkowskie zawsze chciały chronić swoją suwerenność w tej dziedzinie. Niemniej jednak Unia Europejska zacznie rozwijać wspólną politykę poprzez zakończenie pięcioletnich programów, które skupiają się na sprawiedliwości, bezpieczeństwie i wolności, począwszy od 1999 roku. Od tego czasu zakończono realizację trzech programów:

programu z Tampere w 1999 roku, programu haskiego w 2004 roku i wreszcie programu sztokholmskiego w 2009 roku.

Programy te mogą być postrzegane jako plany działania, które określają główne cele, konkretne działania i terminy. Komisja, jako organ wykonawczy, wdraża programy do planu działania, który precyzuje i konkretyzuje program.

Tampere

Pięcioletni program z Tampere był wynikiem specjalnego spotkania w Tampere w Finlandii, które odbyło się w dniach 15 i 16 października 1999 roku. Szczyt dotyczyłby utworzenia przestrzeni wolności, bezpieczeństwa i sprawiedliwości w Unii Europejskiej, aby w pełni wykorzystać możliwości przyznane w traktacie amsterdamskim. Rada wyciągnie wnioski operacyjne z tego Traktatu. Program ten przypomina nam o obszarze dobrobytu i pokoju poprzez stworzenie jednolitego rynku oraz unii gospodarczej i walutowej. Nieuchronnie przyciąga to innych, którzy "nie mogą korzystać ze swobody, którą obywatele Unii uważają za oczywistość" i wymaga wspólnej polityki UE w dziedzinie azylu i migracji.

Program z Tampere dotyczy czterech wspólnych celów: wspólnej unijnej polityki azylowej i migracyjnej, prawdziwej europejskiej przestrzeni sprawiedliwości, walki z przestępczością w całej Unii oraz bardziej zdecydowanych działań zewnętrznych. W ramach tej rozprawy omówiona zostanie wspólna polityka azylowa i migracyjna. Pierwszym i głównym elementem tej wspólnej polityki jest partnerstwo z krajami pochodzenia i tranzytu, uwzględniające wyzwania polityczne, związane z prawami człowieka i rozwojem. W odniesieniu do tych partnerstw grupa robocza wysokiego szczebla ds. azylu i migracji ma odegrać ważną rolę poprzez opracowanie planów działania. Szczególną uwagę zwraca się na prawa uchodźców i prawo do ubiegania się o azyl. W tym kontekście należy wyraźnie odwołać się do Konwencji Genewskiej odnoszącej się do

status uchodźców. Ostatecznym celem jest ustanowienie wspólnego europejskiego systemu azylowego, stopniowo wprowadzanego za pomocą wspólnych minimalnych warunków w kierunku wspólnej procedury i jednolitego statusu azylowego. Należy również wprowadzić zabezpieczenia w celu zapewnienia sprawiedliwego traktowania legalnie przebywających obywateli krajów trzecich, gwarantujące brak dyskryminacji w życiu społecznym, kulturalnym i gospodarczym. Środki, które należy podjąć, są dwojakie. Z jednej strony państwa członkowskie muszą zwalczać rasizm i ksenofobię. Z drugiej strony konieczna jest harmonizacja ustawodawstwa krajowego w zakresie warunków przyjęcia i pobytu. Ostatnim elementem wspólnej polityki azylowej i migracyjnej jest zarządzanie przepływami migracyjnymi. W tym celu Rada ustanawia ściślejszą współpracę i wzajemną pomoc między państwami członkowskimi oraz między państwami członkowskimi a państwami trzecimi w zakresie kontroli granicznej i powrotu. To właśnie w tym kontekście Rada potwierdza kompetencje Wspólnoty w zakresie zawierania umów o readmisji i umieszczania klauzul o readmisji w innych umowach wspólnotowych.

Tampere, w zakresie nielegalnej imigracji i powrotu, zostało wdrożone w ramach planu działania w sprawie nielegalnej migracji z 2002 r., programu działań w zakresie powrotów, a także zawarto pierwsze wspólnotowe umowy o readmisji. Komisja oceniłaby poczynione postępy jako pozytywne.

Haga

Program haski ma na celu wzmocnienie i bardziej zdecydowane ustanowienie wolności, bezpieczeństwa i sprawiedliwości w Unii Europejskiej. Ocena Komisji dotycząca osiągnięć w ramach programu z Tampere podkreśla przyszłe priorytety w obszarze wolności, bezpieczeństwa i sprawiedliwości, które zostały uwzględnione w ewentualnym programie wieloletnim. W programie haskim określono kierunki i cele wzmocnienia wolności, bezpieczeństwa i sprawiedliwości. Wzmocnienie bezpieczeństwa dotyczy terroryzmu, narkotyków, wymiany informacji i współpracy policyjnej, podczas gdy wymiar sprawiedliwości posiada przepisy dotyczące współpracy sądowej.

Dawna przestrzeń wolności stanowi największą część, w której zastosowano wiele środków w ramach programu i która w dużej mierze opiera się na celach określonych w Tampere. Pierwsza faza tworzenia wspólnego europejskiego systemu azylowego ma zostać zakończona, a teraz wchodzi w drugą fazę, aby zakończyć wspólną procedurę i jednolity status. Pozostałe aspiracje wiążą się ze zwalczaniem nielegalnego zatrudnienia i integracją obywateli państw trzecich.

Analiza wartości dodanej programu haskiego rozpoczyna się od porównania kwestii dotyczących imigracji i azylu poruszonych w dwóch kolejnych programach. W Tampere poruszono cztery kwestie: partnerstwa z krajami pochodzenia, wspólny europejski system azylowy, sprawiedliwe traktowanie obywateli krajów trzecich oraz zarządzanie przepływami migracyjnymi. W Hadze istnieje pięć kwestii związanych z migracją: wspólny europejski system azylowy, legalna imigracja i walka z nielegalnym zatrudnieniem, integracja obywateli państw trzecich, zewnętrzny wymiar polityki azylowej i migracyjnej oraz zarządzanie przepływami migracyjnymi.

Wspólną kwestią w obu programach jest wspólny europejski system azylowy. Program haski przewiduje kontynuację rozwoju wspólnego systemu poprzez zakończenie pierwszego etapu procedury do 2007 r. i rozpoczęcie drugiego etapu do 2010 r. Zadaniem Komisji jest monitorowanie wdrażania przez państwa członkowskie Tampere oraz opracowanie konkretnych środków, które należy podjąć w drugiej fazie. W ścisłej współpracy z Wysokim Komisarzem ONZ ds. Uchodźców Komisja prowadzi dochodzenia w sprawie wspólnego rozpatrywania wniosków o udzielenie azylu poza terytorium UE. W programie haskim po raz pierwszy wspomniano o legalnej imigracji i walce z nielegalnym zatrudnieniem. Legalna migracja została zasygnalizowana w Tampere dopiero przy okazji zajmowania się zarządzaniem przepływami migracyjnymi. Rada podkreśliła potrzebę zorganizowania kampanii informacyjnych na temat możliwości legalnej migracji. Niewiele więcej niż podkreślanie, że obszar ten pozostaje pod zwierzchnictwem państw członkowskich, robi się w Hadze. Wzywa się jednak Komisję do przygotowania planu polityki.

Z listy zagadnień związanych z migracją i azylem pierwsze znaczące rozszerzenie polityki ma dotyczyć obywateli państw trzecich. Podczas gdy Tampere wymagało sprawiedliwego traktowania obywateli państw trzecich, Haga poszła o krok dalej i wymaga integracji obywateli państw trzecich poprzez koordynację krajowych polityk integracyjnych oraz ustanowienie wspólnych podstawowych zasad określających integrację jako "ciągły, dwukierunkowy proces obejmujący zarówno legalnie przebywających obywateli państw trzecich, jak i społeczeństwo przyjmujące". W odpowiedzi na to, w listopadzie 2004 r. Rada przyjęła jedenaście wspólnych podstawowych zasad.

Nowością w programie haskim jest nacisk położony na zewnętrzny wymiar polityki imigracyjnej i azylowej. W Hadze uznano międzynarodowy charakter tych kwestii i stwierdzono, że polityka UE powinna "mieć na celu pomoc państwom trzecim, w ramach pełnego partnerstwa", w celu poprawy zarządzania migracją, ochrony uchodźców i polityki powrotów. Stoi to w sprzeczności z programem z Tampere, który ogranicza się jedynie do partnerstwa z krajami pochodzenia. Program haski wpisuje te partnerstwa w szerszą politykę zagraniczną i wyróżnia cztery rodzaje umów. Po pierwsze, program przewiduje partnerstwo z krajami trzecimi, aby UE mogła odgrywać rolę w takich kwestiach, jak ochrona uchodźców i zarządzanie migracją w krajach spoza UE. Po drugie, są to umowy z krajami pochodzenia w celu opracowania spójnej polityki, która łączy migrację, współpracę na rzecz rozwoju i pomoc humanitarną. Polityka ta powinna przede wszystkim zająć się podstawowymi przyczynami imigracji, ale także zapewnić ochronę uchodźców poprzez ścisłą współpracę z UNHCR. Po trzecie, są to umowy z krajami tranzytowymi, które w ramach europejskiej polityki sąsiedztwa powinny ustanawiać współpracę i budowanie potencjału w dziedzinie kontroli granicznej i systemów azylowych. Po czwarte, czy umowy z państwami trzecimi obejmują również umowy o readmisji, do czego wyraźnie wezwano w programie haskim jako do uzupełnienia polityki w zakresie powrotów i readmisji. W związku z tym Rada zwraca się o prowadzenie skutecznej polityki opartej na "wspólnych normach dotyczących powrotu osób w sposób humanitarny i z pełnym poszanowaniem ich praw człowieka i godności" oraz o "uwzględnianie szczególnych trosk w odniesieniu do ochrony porządku i bezpieczeństwa publicznego". Cele te mają być realizowane poprzez współpracę i pomoc, uruchomienie europejskiego funduszu powrotów imigrantów oraz powołanie specjalnego przedstawiciela ds. wspólnej polityki readmisji.

Wreszcie, program haski dotyczy zarządzania przepływami migracyjnymi za pomocą kontroli granicznych, systemów informatycznych i polityki wizowej w celu zwalczania nielegalnej imigracji. Rada przyjmuje bardziej pragmatyczne podejście niż w Tampere i określa konkretne środki, które należy podjąć. Nowością o ogromnym znaczeniu dla polityki readmisji jest fakt, że Rada Europejska zwraca się do Rady i Komisji o zbadanie możliwości przyznania ułatwień wizowych podczas negocjowania umów o readmisji.

Ogólna ocena realizacji programu i planu działania wskazuje, że poczyniono znaczne postępy w zakresie realizacji celów. Większość proponowanych środków została przyjęta. Ocena jest jednak nie tylko pozytywna. Ogólny brak stałego postępu w różnych dziedzinach polityki wynika z wyzwań właściwych dla systemu filarów, takich jak wymogi jednomyślności, brak prawa do podejmowania inicjatywy i ograniczone kompetencje Europejskiego Trybunału Sprawiedliwości i Komisji. Niemniej jednak instytucjonalna tabela wyników Komisji dotycząca środków, które należy podjąć w ramach programu haskiego, wskazuje przede wszystkim na realizację działań, które należy podjąć w ramach planu działania. Możemy podkreślić globalne podejście do kwestii migracji przyjęte w 2005 r. przez Radę Europejską. Odzwierciedla to zewnętrzny wymiar polityki migracyjnej Unii. To globalne podejście skupia się na Afryce i regionie Morza Śródziemnego i stanowi próbę sformułowania odpowiedzi na wyzwania związane z migracją z tych krajów. Ma ona potrójny cel, jakim jest zrównoważenie promowania mobilności i legalnej migracji, optymalizacja związku między migracją i rozwojem oraz zapobieganie i zwalczanie nielegalnej imigracji. Zgodnie z globalnym podejściem do kwestii migracji Komisja zaproponowała *partnerstwa na rzecz mobilności* między UE a państwami trzecimi, które są gotowe aktywnie działać na rzecz lepszego zarządzania przepływami migracyjnymi. Są to szanse dla Unii na walkę z nielegalną migracją. Partnerstwa na rzecz mobilności przewidują możliwości legalnej migracji i organizują wizy krótkoterminowe. Zobowiązania obejmują readmisję własnych obywateli, zniechęcanie do nielegalnej migracji i handlu ludźmi, wzmocnienie kontroli granicznej i wymianę informacji. Partnerstwa na rzecz mobilności są odpowiednio dostosowane do potrzeb i chęci każdego kraju lub obszaru geograficznego. Dziś nie możemy jeszcze wyciągnąć wniosków na temat ich potencjału, ponieważ umowy te są nowością. Na marginesie programu sztokholmskiego i pod auspicjami prezydencji francuskiej podkreślamy również przyjęty w 2008 roku pakt o imigracji i azylu. Rada Europejska podejmuje pięć podstawowych zobowiązań zgodnie z celami określonymi w programie haskim. Rada Europejska zobowiązuje się przede wszystkim do zorganizowania legalnej imigracji z uwzględnieniem priorytetów, potrzeb i możliwości przyjmowania określonych przez każde państwo członkowskie, ale także do wspierania integracji obywateli państw trzecich. Drugie zobowiązanie dotyczy kontroli nielegalnej imigracji poprzez zapewnienie, by nielegalni imigranci skutecznie powracali do swoich krajów pochodzenia lub tranzytu. Zasady regulujące to zobowiązanie to większa współpraca w ramach globalnego podejścia do migracji między państwami członkowskimi, Komisją i krajami pochodzenia i tranzytu, skuteczne wykonywanie decyzji o powrocie i readmisja własnych obywateli. W tym celu należy zawrzeć, ocenić i zweryfikować umowy o readmisji, aby zapewnić skuteczną politykę w tym zakresie. Po trzecie, jeśli kontrole graniczne mają być bardziej skuteczne. Po czwarte, Rada Europejska pragnie zbudować Europę azylu poprzez wprowadzenie wspólnego europejskiego systemu azylowego. Piątym i ostatnim celem jest stworzenie kompleksowego partnerstwa z krajami pochodzenia i krajami tranzytowymi, aby wspierać synergię między migracją a rozwojem. Przewiduje się umowy ramowe, środki budowania potencjału, tworzenie możliwości legalnej migracji i wdrażanie wniosków z posiedzeń UE - kraje trzecie oraz pełne wykorzystanie europejskiej polityki sąsiedztwa. Pakt ten ma zostać wdrożony poprzez konkretne działania i decyzje Parlamentu Europejskiego, Rady, Komisji i państw członkowskich oraz powinien być egzekwowany przez program będący następcą programu haskiego.

Sztokholm

Program sztokholmski można scharakteryzować jako program o bardzo szerokim zakresie, zajmujący się różnymi obszarami w celu stworzenia otwartej i bezpiecznej Europy służącej obywatelom i chroniącej ich. Program ma na celu podjęcie dalszych wysiłków na rzecz zwiększenia spójności obszarów polityki i zacieśnienia współpracy z krajami partnerskimi.

Kontekstem, w którym przyjęto program sztokholmski, była światowa recesja. Ujawnił on wrażliwość obywateli spoza UE na europejskim rynku pracy. Po recesji europejskie państwa członkowskie chciały, aby obywatele UE mieli pierwszeństwo przed imigrantami na rynku pracy. W związku z tym w programie sztokholmskim nie ma dalszego rozwoju polityki migracji zarobkowej. Drugim charakterystycznym kontekstem dla Sztokholmu było wezwanie najbardziej narażonych krajów na granicy zewnętrznej - Grupy Quadro składającej się z Cypru, Malty, Grecji i Włoch - o pomoc w zarządzaniu przepływami nielegalnej imigracji. W tym kontekście powstał kompleksowy, bardziej szczegółowy i reaktywny program, a nie program z długoterminowymi celami.

Tematy poruszone w programie sztokholmskim obejmują prawa obywatelskie, dostępność wymiaru sprawiedliwości, bezpieczeństwo wewnętrzne, dostęp do Unii, imigrację i azyl, a także zewnętrzny wymiar wolności, bezpieczeństwa i sprawiedliwości. Ta ostatnia po raz pierwszy przewiduje zewnętrzny wymiar całej polityki Unii w przestrzeni wolności, bezpieczeństwa i sprawiedliwości, wymagający większej spójności i czyni politykę zarządzania migracją częścią europejskiej polityki zagranicznej. Oprócz poprzedniego, program sztokholmski różni się od programu haskiego na trzy sposoby. Globalne podejście do migracji z 2005 r. zyskało na znaczeniu. Jest to w rzeczywistości podstawa do dalszego rozwoju w dziedzinie imigracji. Jak już powiedziano, czy program sztokholmski jest bardziej szczegółowy i reaktywny niż jego poprzednicy. Zgodnie z tym twierdzeniem w programie określono pewne nowe szczegółowe priorytety. Przykładem jest problem bezbronności osób małoletnich bez opieki. Wreszcie, temat "zarządzanie przepływami migracyjnymi" został podzielony na politykę wizową z jednej strony i zarządzanie granicami zewnętrznymi z drugiej strony.

Tytuł *"Europa odpowiedzialności, solidarności i partnerstwa w kwestiach migracji i azylu" zapowiada* rozdział dotyczący migracji i azylu. Ogólnie rzecz biorąc, Europa dąży do dalszego rozwoju kompleksowej polityki migracyjnej Unii, która jest zawsze kluczowym celem Unii. Kilka agencji i biur monitoringu już działało, ale ich możliwości zatrudnienia były w niektórych przypadkach ograniczone. Należy w pełni wykorzystać ich potencjał. Europejski pakt o imigracji i azylu stanowi podstawę do dalszego rozwoju tego obszaru. Ostatecznie ważnym aspektem tego tematu jest finalizacja wspólnej europejskiej polityki azylowej, która ma zostać ustanowiona w 2012 roku.

Sztokholm wzywa do prowadzenia dynamicznej i kompleksowej polityki migracyjnej. To, co już zostało osiągnięte, powinno być dalej rozwijane i koordynowane zgodnie z globalnym podejściem do kwestii migracji. W tym względzie Sztokholm pragnie dalej rozwijać dialog i współpracę z innymi krajami, takimi jak Azja i Ameryka Łacińska, wykorzystując instrumenty i postępy już poczynione w ramach globalnego podejścia do migracji, takie jak uruchomienie agencji Frontex, utworzenie centrów informacji o migracji, agencji zatrudnienia i migracji itd. Nowością w planie wdrożenia globalnego podejścia jest opracowanie profili migracyjnych krajów trzecich, służących opracowaniu konkretnych polityk migracyjnych z krajami trzecimi. Ponadto partnerstwa na rzecz mobilności stanowią główne długoterminowe ramy współpracy w zakresie zarządzania migracją, a ich stosowanie powinno być kontynuowane i rozszerzane na kraje pochodzenia, tranzytu i przeznaczenia. Jednakże, aby środki te były skuteczne, konieczne jest bardziej spójne podejście europejskie.

Konkretne środki, które należy podjąć według Rady Europejskiej, to skuteczne wykonywanie decyzji o powrocie imigrantów poprzez wzajemne uznawanie tych decyzji, pomoc dla państw członkowskich w ich polityce w zakresie powrotów przez instytucje i organy europejskie. W obszarze skutecznych działań przeciwko nielegalnej imigracji, przemytowi i handlowi ludźmi, polityka readmisji jest nadal kluczowym elementem. Dlatego w programie sztokholmskim przywiązuje się dużą wagę do umów o readmisji. Po pierwsze, nowe umowy o readmisji powinny być zawierane zarówno na szczeblu Unii, jak i na szczeblu państw członkowskich. Istniejące umowy, klauzule i praktyki powinny być bardziej skuteczne, aby sprzyjać skutecznej polityce w zakresie powrotów imigrantów. Podsumowując, nie ma żadnych wielkich nowości w tym instrumencie. Ważne jest, aby Komisja została poproszona o ocenę obowiązujących i negocjowanych umów o readmisji oraz o opracowanie mechanizmu monitorowania realizacji umów o readmisji. Rada powinna przyjąć nową strategię readmisyjną, opartą na ustaleniach Komisji. W przypadku umów zawieranych na zasadzie dobrowolności strategia Rady powinna obejmować państwa trzecie niechętne do współpracy w zakresie readmisji własnych obywateli.

10.3 Polityka UE w zakresie powrotów imigrantów

Since the Tampere European Council summit of 1999, a common return policy was perceived as a means of dealing with illegal immigration within the scope of a common immigration and asylum policy. "Return and readmission are integral and vital components" of the common policy on immigration and asylum. Skuteczna polityka w zakresie powrotów jest "niezbędnym elementem dobrze zarządzanej polityki migracyjnej".

Po szczycie w Laken w 2001 r. Rada ds. Wymiaru Sprawiedliwości i Spraw Wewnętrznych przyjęła ważny instrument w zakresie polityki dotyczącej powrotu imigrantów, podkreślając potrzebę opracowania planu działania w sprawie nielegalnej imigracji, potwierdzonego na szczycie w Sewilli w 2002 r: Program działań w zakresie powrotów. Program opiera się na zielonej księdze w sprawie powrotów z tego samego roku i przewiduje opracowanie zarówno krótko-, jak i długoterminowych środków, a także przyjęcie wspólnych minimalnych standardów w dziedzinie powrotów. Cele następujące po programie to lepsza współpraca operacyjna między państwami członkowskimi, wspólne minimalne standardy lub wytyczne dotyczące powrotów oraz zintensyfikowana współpraca z państwami trzecimi. Pierwszy obszar środków proponowanych w ramach programu działań w zakresie powrotów ma na celu ustanowienie systemów informacyjnych umożliwiających identyfikację zatrzymanych nielegalnych migrantów: wizowego systemu informacyjnego oraz drugiej generacji systemu informacyjnego Schengen. Systemy te pozwalają właściwym organom na dostęp do dostępnych informacji dotyczących określonych kategorii osób. Minimalne normy dotyczące powrotu zostały ostatecznie przyjęte wraz z dyrektywą 2008/115/WE61 , która określa terminy zatrzymania obywatela państwa trzeciego, sprzyja dobrowolnemu powrotowi, reguluje zakaz wjazdu itp. Przyjęcie dyrektywy wymagało czegoś więcej niż tylko zwykłego wezwania do jej przyjęcia w programie działań w zakresie powrotów; na szczycie w Brukseli w 2004 r. wezwano do ustanowienia skutecznej polityki wydalania i repatriacji osób, które mają zostać odesłane w sposób humanitarny i z pełnym poszanowaniem ich praw podstawowych i godności. Podobnie, Rada Europy wyraziła swoje zaniepokojenie tą delikatną kwestią, przyjmując w 2005 r. "20 wytycznych w sprawie przymusowych powrotów". Rada Europejska ostatecznie przyjęła dyrektywę w sprawie wspólnych norm i procedur dla państw członkowskich dotyczących powrotów nielegalnie przebywających obywateli państw trzecich. Wspólne minimalne normy i procedury, które należy stosować, muszą być zgodne z prawami podstawowymi i ogólnymi zasadami prawa wspólnotowego i międzynarodowego. Dyrektywa stanowi, że państwa członkowskie, wdrażając dyrektywę, muszą "należycie uwzględnić" zasadę non-refoulement, najlepszy interes dziecka, życie rodzinne i warunki zdrowotne nielegalnego rezydenta. Jest to raczej słaba ochrona, a zatem dyrektywa nie jest wolna od krytyki. W dyrektywie przewidziano gwarancje proceduralne. W przypadku, gdy istnieją porozumienia między Wspólnotą i/lub Państwami Członkowskimi a państwami trzecimi, stosuje się najbardziej korzystne dla osoby powracającej rozporządzenie. Przepis ten wyraźnie przewiduje umowy o readmisji.

Podsumowując, wspólna polityka UE w zakresie powrotów jest ważnym obszarem w ramach wspólnej polityki imigracyjnej i azylowej. Polityka w zakresie powrotów nie ogranicza się do umów o readmisji, ale obecnie pozostaje najważniejszym instrumentem zapewniającym powrót nielegalnych migrantów. Niemniej jednak podejmowane są wysiłki na rzecz przyjęcia bardziej kompleksowego podejścia do kwestii powrotu. Bardzo niedawnym tego przykładem są pilotażowe partnerstwa na rzecz mobilności, które obejmują przepisy dotyczące readmisji, ale również ukierunkowane są na współpracę w kraju pochodzenia w celu poprawy warunków dla osoby powracającej.

LISTA REFERENCYJNA

Billet, C. "Umowy WE o readmisji": Główny instrument zewnętrznego wymiaru walki UE z nielegalną imigracją. An assessment after ten years of practice", *EJML* 2010, 47.

Bouteillet-Paquet, D. "Passing the buck: a critical analysis of the readmission policy implemented by the European Union and its member states", *EJML* 2003, 362.

Cassarino, J. (red.), *Return Migrants to the Maghreb Countries: Reintegracja i wyzwania rozwojowe,* sprawozdanie ogólne MIREM 2008, RSCAS, Europejski Instytut Uniwersytecki, 18.

Zamki, S. i M.J. Miller, *Wiek migracji. International population movements in the modern world,* London, Palgrave Macmillan, 2003, 338 s.

Coleman, N. *Europejska polityka readmisji: interesy krajów trzecich i prawa uchodźców*, Leiden, Martinus-Nijhoff Publishers, 2009, 12-13.

Crepeau, F. *Droit d'asile: de l'hospitalité aux contrôles migratoires,* Brussel, Bruylant, 1995, 282-283.

Denys, C. *Implied Powers in the European Economic Community, an investigation into the meaning of "Implied Powers",* Antwerpia, Maklu, 1990, 341p.

Denoel, X. "Les accords de readmission, du Benelux à Schengen et au-delà", *Revue Trimestrielle de Droit Européen,* 1993, 635-653.

Jileva, E. "Visa and free movement of the labor: the uneven imposition of the EU *acquis* on the accession states", *Journal of ethnic and migration studies* 2002, 683-700.

Peers, S. i N. Rogers (red.), *Immigration and asylum and policy in Europe: Prawo imigracyjne i azylowe UE. Tekst i komentarz*, Lejda, wydawca Martinus Nijhoff, 2006, 1025 s.

Peers, S. "Readmission agreements and EC External Migration Law", *Statewatch Analysis* 2003, nr 17, 3.

Roig, A. i T. Huddelston, "EC readmission agreements: a re-evaluation of the political impasse", *EJML* 2007, 364. K., Hailbronner, "Readmission agreements and the obligation on states under public international law to readmit their own and foreign nationals", *ZAORV* 1997, 1-49.

Trauner, F. i I. Kruse, "EC Visa Facilitation and Readmission agreements: a New Standard EU Foreign Policy Tool?", *EJML* 2008, 41.

11. POMPY DO DZIAŁANIA NA RZECZ UNII EUROPEJSKIEJ W ZAKRESIE EUROPEJSKIEGO PROGRAMU DZIAŁAŃ NA RZECZ BEZPIECZEŃSTWA

Unia Europejska dąży do tego, by ludzie żyli w przestrzeni wolności, bezpieczeństwa i sprawiedliwości, bez granic wewnętrznych. Europejczycy muszą mieć pewność, że niezależnie od tego, gdzie się przemieszczają w Europie, ich wolność i bezpieczeństwo są dobrze chronione, w pełnej zgodności z wartościami Unii, w tym z zasadą praworządności i prawami podstawowymi. W ostatnich latach pojawiły się nowe i złożone zagrożenia podkreślające potrzebę dalszej synergii i ściślejszej współpracy na wszystkich szczeblach. Wiele z dzisiejszych obaw dotyczących bezpieczeństwa ma swoje źródło w niestabilności w najbliższym sąsiedztwie UE oraz zmieniających się formach radykalizacji postaw, przemocy i terroryzmu. Zagrożenia stają się coraz bardziej zmienne i międzynarodowe, a także coraz bardziej transgraniczne i międzysektorowe. Zagrożenia te wymagają skutecznej i skoordynowanej reakcji na szczeblu europejskim. Wszystkie instytucje UE zgodziły się, że potrzebujemy odnowionej strategii bezpieczeństwa wewnętrznego na najbliższe pięć lat.

Unia Europejska dąży do zapewnienia, by ludzie żyli w przestrzeni wolności, bezpieczeństwa i sprawiedliwości, bez granic wewnętrznych. Europejczycy muszą mieć pewność, że niezależnie od tego, gdzie się przemieszczają w Europie, ich wolność i bezpieczeństwo są dobrze chronione, w pełnej zgodności z wartościami Unii, w tym z zasadą praworządności i prawami podstawowymi. W ostatnich latach pojawiły się nowe i złożone zagrożenia podkreślające potrzebę dalszej synergii i ściślejszej współpracy na wszystkich szczeblach. Wiele z dzisiejszych obaw dotyczących bezpieczeństwa ma swoje źródło w niestabilności w najbliższym sąsiedztwie UE oraz zmieniających się formach radykalizacji postaw, przemocy i terroryzmu. Zagrożenia stają się coraz bardziej zmienne i międzynarodowe, a także coraz bardziej transgraniczne i międzysektorowe.

11.1 Lepsza wymiana informacji

System informacyjny Schengen (SIS) jest obecnie najczęściej stosowanym instrumentem wymiany informacji. Właściwe organy krajowe mogą z niego korzystać w celu dokonywania wpisów dotyczących poszukiwanych lub zaginionych osób i przedmiotów, zarówno na terytorium Unii, jak i na granicy zewnętrznej. SIS został zmodernizowany na początku 2015 r. w celu usprawnienia wymiany informacji na temat osób podejrzanych o terroryzm oraz wzmocnienia wysiłków państw członkowskich na rzecz unieważniania dokumentów podróży osób podejrzanych o chęć przystąpienia do grup terrorystycznych poza UE. Aby jeszcze bardziej zwiększyć bezpieczeństwo na granicach zewnętrznych, należy w pełniejszym zakresie korzystać z SIS wraz z bazą danych Interpolu dotyczącą skradzionych i zagubionych dokumentów podróży (SLTD). Komisja pomoże państwom członkowskim korzystać ze zautomatyzowanych kontroli granicznych przy kontroli SIS i SLTD i będzie nadal monitorować, czy państwa członkowskie wywiązują się ze swoich zobowiązań w zakresie dostarczania danych do SLTD.

Środki uzupełniające mające na celu poprawę bezpieczeństwa w odniesieniu do przepływu towarów również przyczyniają się do zwalczania nielegalnej działalności na granicy, takiej jak handel bronią, nielegalny przemyt narkotyków i papierosów lub nielegalne transfery walutowe. System informacji celnej dla ładunków zaliczkowych zapewnia organom celnym powiadamianie z wyprzedzeniem o ocenie ryzyka w zakresie bezpieczeństwa ładunków wprowadzanych do UE i opuszczających ją. System ten powinien być w pełni wykorzystywany poprzez zapewnienie skutecznej wymiany informacji między organami celnymi oraz z innymi organami ścigania. System informacji o nadużyciach finansowych (AFIS) stanowi kluczową platformę wymiany informacji celnych w zakresie zwalczania nadużyć finansowych, wspierającą organy ścigania w walce z przestępczością transgraniczną.

Ramy z Prüm są kolejnym przykładem narzędzia wymiany informacji na szczeblu UE, które nie zostało jeszcze w pełni wykorzystane. Może on oferować zautomatyzowane porównywanie profili DNA, danych daktyloskopijnych i danych rejestracyjnych pojazdów - które są kluczowe dla wykrywania przestępstw i budowania skutecznej sprawy. System ten nie wykorzystuje swojego potencjału, ponieważ na tym etapie tylko ograniczona liczba państw członkowskich wdrożyła swoje zobowiązania prawne i zintegrowała sieć z własnymi systemami. Stanowi to przeszkodę dla ogólnej skuteczności ram z Prüm w łapaniu i ściganiu przestępców. Państwa członkowskie otrzymały znaczne wsparcie finansowe i techniczne w zakresie wdrażania. Komisja potraktuje ten obszar jako priorytetowy w wykorzystywaniu swoich uprawnień w celu zapewnienia prawidłowego wdrażania prawa UE.

Oczywiście prawne wdrażanie instrumentów UE na szczeblu krajowym nie wystarczy. Narzędzia zawarte w unijnych ramach bezpieczeństwa będą w pełni skuteczne tylko wtedy, gdy krajowe organy ścigania będą miały zaufanie do istniejących instrumentów i będą mogły łatwo wymieniać się informacjami. Wniosek w sprawie nowej podstawy prawnej dla Europolu, obecnie rozpatrywany przez współprawodawców, ma na celu zwiększenie zdolności analitycznych Europolu, uruchomienie działań operacyjnych ze strony państw członkowskich oraz wzmocnienie systemu ochrony danych agencji. Państwa członkowskie powinny wykorzystywać Europol jako kanał pierwszego wyboru w zakresie wymiany informacji dotyczących egzekwowania prawa w całej UE. Aplikacja sieci bezpiecznej wymiany informacji Europolu (SIENA) pozwala państwom członkowskim na szybką, bezpieczną i przyjazną dla użytkownika wymianę informacji między sobą, z Europolem lub ze stronami trzecimi, które zawarły z Europolem umowę o współpracy. Aktywne korzystanie z instrumentów wymiany informacji wymaga również odpowiedniego interfejsu między narzędziami UE a krajowymi systemami egzekwowania prawa, takimi jak pojedyncze punkty kontaktowe. Państwa członkowskie muszą stworzyć odpowiednie struktury na szczeblu krajowym w celu integracji i koordynacji prac odpowiednich organów.

11.2 Zwiększona współpraca operacyjna

Traktat lizboński zawiera prawne i praktyczne ustalenia mające na celu zapewnienie skuteczności współpracy operacyjnej między organami różnych państw członkowskich. W ramach cyklu polityki UE dotyczącej poważnej i zorganizowanej przestępczości organy państw członkowskich koordynują wspólne priorytety i działania operacyjne. Główną rolę odgrywa Stały Komitet Współpracy Operacyjnej w zakresie Bezpieczeństwa Wewnętrznego (COSI). Cykl Polityki zapewnia metodologię podejścia do bezpieczeństwa wewnętrznego opartego na danych wywiadowczych, opartego na wspólnych ocenach zagrożeń koordynowanych w ramach Europolu. Jest on ukierunkowany na dostępne zasoby w związku z bezpośrednimi, średnio- i długoterminowymi zagrożeniami i ryzykiem dla bezpieczeństwa. Cykl polityczny powinien być w większym stopniu wykorzystywany przez państwa członkowskie do inicjowania konkretnych operacji egzekwowania prawa w celu zwalczania przestępczości zorganizowanej, w tym z państwami trzecimi. Operacja Archimedes, koordynowana przez Europol we wrześniu 2014 r. w celu zwalczania różnych poważnych przestępstw w państwach członkowskich i państwach trzecich, stanowiła praktyczny przykład tego, w jaki sposób może ona pomóc19 . Agencje UE odgrywają kluczową rolę we wspieraniu współpracy operacyjnej. Przyczyniają się one do oceny wspólnych zagrożeń dla bezpieczeństwa, pomagają określić wspólne priorytety działań operacyjnych oraz ułatwiają współpracę transgraniczną i ściganie przestępstw. Państwa członkowskie powinny w pełni wykorzystać wsparcie agencji w zwalczaniu przestępczości poprzez wspólne działania. Należy również wspierać ściślejszą współpracę między agencjami, w ramach ich odpowiednich mandatów. Zmienione porozumienie o współpracy między Europolem a Fronteksem, po jego wdrożeniu, umożliwi taką synergię, umożliwiając obu agencjom wymianę danych osobowych z odpowiednimi zabezpieczeniami w zakresie ochrony danych. Eurojust i Europol powinny dalej pogłębiać swoją współpracę operacyjną.

11.3 Działania wspierające: szkolenia, finansowanie, badania naukowe i innowacje

Oprócz wymiany informacji i współpracy operacyjnej, UE zapewnia wsparcie dla działań związanych z bezpieczeństwem poprzez szkolenia, finansowanie i promowanie badań i innowacji związanych z bezpieczeństwem. Komisja dąży do ukierunkowania tego wsparcia w sposób strategiczny i opłacalny.

Skuteczność narzędzi współpracy zależy od tego, czy funkcjonariusze organów ścigania w państwach członkowskich wiedzą, jak z nich korzystać. Szkolenie jest niezbędne, aby umożliwić władzom w terenie wykorzystanie narzędzi w sytuacji operacyjnej. Europejskie Kolegium Policyjne CEPOL organizuje kursy, określa wspólne programy współpracy transgranicznej i koordynuje programy wymiany. Obecny wniosek legislacyjny w sprawie CEPOL-u jeszcze bardziej wzmocniłby jego zdolność do przygotowania funkcjonariuszy policji do skutecznej współpracy oraz do rozwijania wspólnej kultury egzekwowania prawa26 . CEPOL powinien dostosować swoje roczne programy szkoleniowe do priorytetów określonych w niniejszym programie. Krajowe akademie policyjne powinny również korzystać z funduszy UE, aby współpraca transgraniczna stała się integralną częścią ich własnych szkoleń i ćwiczeń praktycznych. Szkolenia dla sędziów i pracowników wymiaru sprawiedliwości powinny być również lepiej dostosowane do priorytetów UE, w oparciu o istniejące struktury i sieci oraz przy wsparciu europejskiej sieci szkolenia kadr wymiaru sprawiedliwości (EJTN) oraz europejskiego portalu "e-Sprawiedliwość" i e-learning.

Niedawno utworzony Fundusz Bezpieczeństwa Wewnętrznego stanowi elastyczne i elastyczne narzędzie umożliwiające sprostanie najważniejszym wyzwaniom do roku 2020. Niniejszy program określa kierunek strategiczny dla Funduszu, koncentrując się na tych obszarach, w których wsparcie finansowe przyniesie największą wartość dodaną. Priorytetowe wykorzystanie funduszu powinno obejmować aktualizację krajowych sekcji systemu informacyjnego Schengen, wdrożenie ram z Prüm oraz utworzenie pojedynczych punktów kontaktowych. Fundusz powinien być również wykorzystywany do wzmacniania transgranicznej współpracy operacyjnej w ramach cyklu polityki UE dotyczącej poważnej i zorganizowanej przestępczości oraz do opracowywania "strategii wyjścia" dla osób poddanych radykalizacji postaw z pomocą najlepszych praktyk wymienianych w ramach sieci upowszechniania wiedzy o radykalizacji postaw. Inne unijne instrumenty finansowania, takie jak program "Horyzont 2020" w zakresie badań naukowych i innowacji27 , europejskie fundusze strukturalne i inwestycyjne, programy UE w zakresie wymiaru sprawiedliwości, program "Cła 2020" i instrumenty finansowe w zakresie działań zewnętrznych również mogą przyczynić się, w swoich odpowiednich obszarach, do wsparcia priorytetów programu bezpieczeństwa. Śródokresowy przegląd Funduszu Bezpieczeństwa Wewnętrznego w 2018 r. będzie okazją do podsumowania, w jaki sposób finansowanie przyczyniło się do realizacji priorytetów agendy i w razie potrzeby do zmiany priorytetów.

Konkurencyjny unijny sektor bezpieczeństwa może również przyczynić się do autonomii UE w zakresie zaspokajania potrzeb bezpieczeństwa. UE zachęca do opracowywania innowacyjnych rozwiązań w zakresie bezpieczeństwa, na przykład poprzez normy i wspólne certyfikaty. Komisja rozważa podjęcie dalszych działań, np. w zakresie systemów alarmowych i urządzeń kontroli na lotniskach, w celu usunięcia barier dla jednolitego rynku i zwiększenia konkurencyjności unijnego sektora bezpieczeństwa na rynkach eksportowych. Nauka kryminalistyczna ma kluczowe znaczenie dla egzekwowania prawa i ścigania. Organy ochrony porządku publicznego i organy sądowe muszą mieć pewność, że dane kryminalistyczne, na których się opierają, są wysokiej jakości, także jeśli dane te pochodzą z innego państwa członkowskiego. Dlatego ważne jest, aby zapewnić, że dane kryminalistyczne wymieniane za pośrednictwem systemów wymiany informacji, takich jak ramy Prüm dla odcisków palców i profili DNA, mogą być skutecznie wykorzystywane w sądzie. Europejski obszar kryminalistyczny, mający na celu dostosowanie procesów dostawców usług kryminalistycznych w państwach członkowskich, sprzyjałby współpracy i zapewniałby zaufanie.

11.4 Rozwój organizacyjny i główne wyzwania stojące przed Eurojustem

Rygorystyczny klimat budżetowy oraz ciągła presja na ograniczone zasoby Eurojustu skłoniły go do dalszej optymalizacji jego zasobów finansowych i ludzkich.

Reorganizacja

W styczniu rozpoczęto wdrażanie nowej struktury organizacyjnej Administracji. Utworzone zostały trzy podmioty: Dział Operacyjny, Dział Korporacyjny i Dział Zasobów. W ramach reorganizacji osiągnięto następujące cele: (i) zwiększenie wsparcia dla prac operacyjnych Kolegium i biur krajowych poprzez przesunięcie zasobów do prac operacyjnych; (ii) wdrożenie bardziej spójnej koncepcji wsparcia operacyjnego na rzecz biur krajowych poprzez wprowadzenie interdyscyplinarnego/sektorowego wsparcia dla prac operacyjnych; (iii) poprawa rozwoju strategicznego, planowania i sprawozdawczości; oraz (iv) poprawa komunikacji korporacyjnej.

Ustalanie priorytetów działań politycznych

Opierając się na ustaleniu priorytetów prac w zakresie polityki na 2016 r., w 2017 r. działanie opierało się na ocenie dokumentacji projektów, przy czym jako główne kryterium ustalania priorytetów wykorzystano prace Eurojustu. We wrześniu Kolegium przyjęło priorytety i związane z nimi wyniki na lata 2018 i 2019, a także nową metodologię ustalania priorytetów w grudniu. Zasady przewodnie obejmują:

` elastyczne podejście do alokacji zasobów;

` procedura konsultacji zewnętrznych w celu uwzględnienia potrzeb praktyków i zainteresowanych stron; oraz

` procedura oceny wyników.

Podbudowy kolegium

Kolegium postanowiło uprościć swoje podstruktury przygotowawcze, aby usprawnić procesy decyzyjne i zwiększyć ich skuteczność, poprawiając tym samym wydajność i racjonalizując wykorzystanie zasobów. Nowy model zapewnia skoordynowaną reakcję przedsiębiorstwa na kwestie strategiczne oraz zachowanie operacyjnej wiedzy specjalistycznej i informacji. Realizacja rozpocznie się w drugim kwartale 2018 roku.

System zarządzania sprawami

Obecny CMS Eurojustu, ustanowiony w 2004 r., dobiega końca pod względem technologicznym. Dlatego też Eurojust przeprowadził techniczną i funkcjonalną ocenę SMF w świetle bieżących potrzeb organizacji. Ta wysokopoziomowa analiza istniejących funkcji i możliwych ulepszeń pomoże w podjęciu świadomej decyzji dotyczącej opcji przeprojektowania SMF. Aby poprawić wsparcie operacyjne, Eurojust zatwierdził zestaw środków służących bardziej zharmonizowanemu wprowadzaniu danych w biurach krajowych. Środki te, wraz ze zwiększonym przeglądem jakości danych, przyczynią się do poprawy jakości danych w celu wsparcia pracy operacyjnej w Eurojuście i w państwach członkowskich.

Nowe rozporządzenie w sprawie Eurojustu

Rozporządzenie usprawni funkcjonowanie i strukturę Eurojustu. Zarząd, w którego skład wejdzie jeden z członków Komisji, będzie wspierał Kolegium w wykonywaniu jego zadań administracyjnych. Z punktu widzenia ochrony danych nastąpi przejście od obecnego nadzoru prowadzonego przez wspólny organ nadzorczy Eurojustu do nadzoru prowadzonego przez Europejskiego Inspektora Ochrony Danych. Ewentualny wpływ na system ochrony danych w związku z przekształceniem rozporządzenia 45/2001 może znacząco wpłynąć na funkcjonowanie Eurojustu. Rozporządzenie w sprawie Eurojustu i przekształcenie rozporządzenia 45/2001 powinny prowadzić do rezultatu nie stwarzającego żadnych przeszkód w codziennej pracy operacyjnej Eurojustu, oferującego pewność prawną i zapewniającego wysoki poziom ochrony danych.

Współpraca z kluczowymi partnerami

Eurojust i przyszły EPPO będą ściśle współpracować; należy zawrzeć porozumienie robocze w celu uregulowania praktycznych szczegółów dotyczących ich działań w dziedzinie ochrony interesów finansowych UE, jak również wsparcia, jakiego Eurojust może udzielić EPPO. Rozporządzenie o Europolu powinno skutkować zwiększonym przepływem informacji operacyjnych i wzmocnioną współpracą, w tym ustanowieniem wspólnych zasad i warunków, na podstawie których należy przetwarzać wnioski o finansowanie działalności wspólnych zespołów dochodzeniowo-śledczych, aby zapewnić należyte zarządzanie finansami i skuteczne wsparcie dla organów krajowych. Rozporządzenie w sprawie Fronteksu wzmocni współpracę, która zostanie uregulowana w porozumieniu roboczym.

Unijny pakiet dotyczący ochrony danych

Nowy pakiet DP, mający zastosowanie do organów krajowych od maja 2018 r., będzie miał istotny wpływ na sposób, w jaki państwa członkowskie będą postępować z danymi osobowymi w obszarze ochrony porządku publicznego, a także na Eurojust podczas wymiany informacji z państwami członkowskimi. Strategia UE w dziedzinie wymiaru sprawiedliwości i spraw wewnętrznych Strategie i plany działania UE przyczyniają się do określenia priorytetów Eurojustu i podkreślają konieczność ich realizacji:

` bliższa współpraca sądowa na pierwszej linii frontu i koordynacja w zwalczaniu poważnej przestępczości transgranicznej;

` zintensyfikowana wymiana informacji; oraz

`najlepsze możliwe wykorzystanie instrumentów współpracy sądowej w celu ułatwienia dochodzeń i ścigania, a ostatecznie skazania przestępców.

Rozwój sytuacji w dziedzinie współpracy sądowej w sprawach karnych

Eurojust pozostaje kluczowym czynnikiem ułatwiającym stosowanie instrumentów takich jak europejski nakaz aresztowania i europejski nakaz dochodzeniowy, w tym zadań w dziedzinie współpracy sądowej w sprawach karnych, takich jak projekt rozporządzenia w sprawie ECRIS-TCN i projekt rozporządzenia w sprawie wzajemnego uznawania postanowień o zabezpieczeniu i nakazów konfiskaty.

Współpraca z państwami trzecimi

Zgodnie ze strategicznym naciskiem, jaki Eurojust kładzie na wzmocnienie współpracy z państwami trzecimi, liczba państw trzecich oddelegowujących prokuratora łącznikowego do Eurojustu będzie nadal wzrastać. Ponadto zmianie ulegną przyszłe stosunki Eurojustu ze Zjednoczonym Królestwem i Danią.

Strategia wieloletnia 2019-2021

W maju Eurojust przyjął wieloletnią strategię (MAS) na lata 2019-2021. W MAS podkreśla się potrzebę osiągania większych i lepszych wyników w podstawowych działaniach operacyjnych Eurojustu poprzez: (i) oferowanie wsparcia państwom członkowskim (np. zapewnianie szybkiego i jakościowego wsparcia oraz wzmacnianie współpracy operacyjnej); (ii) zapewnianie doradztwa w oparciu o doświadczenie operacyjne (np. wkład w politykę UE w zakresie wymiaru sprawiedliwości w sprawach karnych i wzmacnianie strategicznej wiedzy specjalistycznej); oraz (iii) poprawa skuteczności organizacyjnej (np. zapewnienie skuteczniejszej struktury, procesów i komunikacji). Ponadto Eurojust przeformułował swoją misję: "Służba sprawiedliwości ponad granicami dla bezpieczniejszej Europy" oraz swoją wizję: "Eurojust jest wiodącym partnerem UE w doprowadzaniu przestępców przed wymiar sprawiedliwości i kluczowym podmiotem w zapewnianiu bezpieczniejszego świata".

PODSUMOWANIE

Bezpieczeństwo powinno być kluczowym priorytetem w szerokim zakresie instrumentów finansowania, programów badawczych i innowacyjnych oraz inicjatyw szkoleniowych. Istniejące priorytety powinny zostać dostosowane w miarę potrzeb.

Europejski program działań na rzecz bezpieczeństwa określa działania niezbędne do zapewnienia wysokiego poziomu bezpieczeństwa wewnętrznego w UE. To musi być wspólna agenda. Jego pomyślna realizacja zależy od politycznego zaangażowania wszystkich zainteresowanych podmiotów w działania na rzecz zwiększenia wysiłków i lepszej współpracy. Obejmuje to instytucje UE, państwa członkowskie i agencje UE. Wymaga to globalnej perspektywy z bezpieczeństwem jako jednym z naszych głównych priorytetów zewnętrznych. UE musi być w stanie reagować na nieoczekiwane zdarzenia, wykorzystywać nowe możliwości oraz przewidywać i dostosowywać się do przyszłych tendencji i zagrożeń dla bezpieczeństwa (Europa, 2014a; De Groot, 2005a, s. 83-97; Dikov, E. 2005b, s. 11; Ivanov, 2010a, s. 326; Ignatova, 2007, s. 95.Iliev, 2000; Kaymedzhiev, 2005c; Kopcheva, 2006a; Kotorova, 2014b; Mihov, 2010b; Nikolov, 2015; Rashkov, 2010c, s. 97; Robinson, 2002; Timchev, 2005d, s.109; Van der Wilt, 2005e; Verhofstadt, 2006b; Vitorino, 2003; Vlastnik, 2008; Yanev, Mihov, Nikolov, 2010d; Yanev, 2013).

LISTA REFERENCYJNA

Nowy początek dla Europy. Mój program na rzecz zatrudnienia, wzrostu gospodarczego, sprawiedliwości i demokratycznych zmian. (2014a). Wytyczne polityczne dla następnej Komisji Europejskiej, 15.7.2014.

De Groot, S. (2005a). Mutual trust in (European) extradition law, Handbook on the European Arrest Warrant, T.M.C. Asser Press, str. 83-97.

Dikov, E. (2005b). Razsledvane na prestapleniyata terorizam i trafik na hora. S., s. 11.

Ivanov, Vl. (2010a). Upravlenie na shengenskata sigurnost, V: Strategii i poliki na sigurnost, T.2, S., s.326.

Ignatova, B. (2007). Razpit chrez telefonna konferentsiya i videokonferentsiya pri razsledvane na prestapleniya, izvarsheni ot chuzhdentsi, V: Savremenno pravo, kn. 5, s. 95.

Iliev, I. (2000). Upravlenie na politseyskite i spetsialnite sluzhbi, Varna.

Kaymedzhiev, Hr. (2005c). Teoriya na operativnoizdirvatelnata deynost. S.

Kopcheva, M. (2006a). Kompyutarni prestapleniya, S.

Kotorova, I. (2014b). Evropeyska prokuratura, S.

Mihov S. (2010b). Transgranichno presledvane przeciwko Shengenskoto prostranstvo, sp. Professional, br. 5, S.

Nikolov, P. (2015). Teoretichni i prilozhni aspekti na vzaimodeystvieto mezhdu politseyskite organi na sasedni darzhavi pri transgranichno presledvane, V: Byuletin na AMVR, Fakultet "Politsiya", br. 33, S.

Rashkov, B. (2010c). Spetsialni razuznavatelni sredstva, S., s. 97.

Robinson, P. (2002). The Missing Crimes. Rzymski Statut Międzynarodowego Trybunału Karnego: Komentarz. Oksford.

Timchev, L. (2005d). Protivodeystvie na terorizma ot politseyskite organi za izdavane na dokumenti za samolichnost i kontrol na migratsiyata, S., s.109.

Van der Wilt, H. (2005e). The EAW and the principle ne bis in idem, Handbook on the European Arrest Warrant, T.M.C.

Verhofstadt, G. (2006b). Stany Zjednoczone Europy. Manifest dla Nowej Europy, Londyn.

Vitorino, A. (2003). Komisarz JNA, Poprawa współpracy transgranicznej między organami śledczymi i prokuratorskimi. Przemówienie 03 \219, Haga, 29.04.2003.

Vlastnik, J. (2008). Eurojust - Kamień węgielny federalnego systemu sądownictwa karnego w UE?, W: Bezpieczeństwo a sprawiedliwość Współpraca policyjna i sądowa w Unii Europejskiej. Farnham, Surrey i Londyn: Ashgate Publishing Limited.

Yanev, R., S. Mihov, P. Nikolov. (2010d). Politseysko satrudnichestvo v Shengen, V: Byuletin na AMVR, Fakultet "Politsiya", br. 27, S.

Yanev, R. (2013). Politseyskoto satrudnichestvo v shengenskoto prostranstvo - chast ot vissheto spetsialno obrazovanie v Akademiyata na MVR na Republika Balgariya., Byuletin "Politsiya", br. 31, S., AMVR.

PODSUMOWANIE

Można zauważyć, że rozwój współpracy UE w dziedzinie wymiaru sprawiedliwości i spraw wewnętrznych w celu stworzenia przestrzeni wolności, bezpieczeństwa i sprawiedliwości w Europie w połowie drugiej dekady XXI wieku jest ambitnym i niejednoznacznym projektem samym w sobie.

Pierwotnie wprowadzona Traktatem z Maastricht w 1993 r., współpraca sądowa w sprawach karnych została włączona w zakres trzeciego filaru. Wraz z formalnym zniesieniem podziału między filarami, traktat lizboński koryguje słabości starego systemu. Ostatecznym celem jest zatem pomoc i budowanie jednolitej europejskiej przestrzeni sprawiedliwości, w ramach której systemy sądownicze są wzajemnie godne zaufania i polegają na sobie nawzajem.

Bez wątpienia traktat lizboński jest najambitniejszym dokumentem, jeśli chodzi o europejską przestrzeń wolności, bezpieczeństwa i sprawiedliwości. Zmienia on ramy prawne środków prawnokarnych UE - nie mogą one zostać rozwiązane bez zgody Parlamentu Europejskiego. Trybunał Sprawiedliwości Unii Europejskiej ma obecnie pełną kontrolę sądową. Nowy traktat znacznie zwiększa rolę parlamentów krajowych, ponieważ mogą one wyrażać swoje opinie na temat wniosków legislacyjnych i monitorować zgodność z zasadą pomocniczości. Rada może przyjąć wniosek, jeżeli zostanie on poparty kwalifikowaną większością głosów państw członkowskich. Obszary, które wymagają stosowania prawa karnego UE, zostały określone w następujący sposób: ochrona funkcjonowania rynków finansowych, ochrona euro przed fałszowaniem lub zwalczanie nadużyć finansowych wobec budżetu UE itp.

Jurysdykcja karna Unii jest już bardzo ponadnarodowa. W ten sposób przezwyciężono przyczyny nieporozumień wynikających z jego podziału na pierwszy i trzeci filar przed wejściem w życie traktatu lizbońskiego. Wówczas to nie tylko ponadnarodowe, ale także międzyrządowe, co wywołuje spory o jego realizację w ramach jednej lub drugiej opcji między samymi instytucjami UE.

Wdrożenie kompetencji UE w zakresie prawa karnego oznacza obecnie możliwość zharmonizowania krajowych przepisów prawa karnego państw członkowskich nie tylko poprzez ich zbliżenie, ale również poprzez ich ujednolicenie. Stworzenie drugiej alternatywy oznaczałoby stworzenie przepisów prawa karnego mających natychmiastowe zastosowanie i wertykalny skutek bezpośredni w całej Unii. Przepisy regulaminu charakteryzowałyby się nie tylko bezpośrednim efektem pionowym w górę, ale i w dół.

Prawo karne UE może określić, które z naruszeń przepisów należy uznać za przestępstwa w prawie krajowym wszystkich państw członkowskich. Mogą one również przewidywać skuteczne, proporcjonalne i odstraszające kary, takie jak nałożenie grzywien o określonej wysokości lub kary pozbawienia wolności za konkretne przestępstwo. Może to być ważny środek odstraszający sprawców i zapobiegający przyszłym przestępstwom.

Cel stworzenia wspólnych ram prawnych i mechanizmów instytucjonalnych Unii Europejskiej w dziedzinie postępowania karnego zależy od rozwiązania szeregu problematycznych kwestii:

- Kluczem do systemu instytucjonalnego Unii Europejskiej w postępowaniu karnym jest utworzenie Prokuratury Europejskiej. - Rozwój tej kwestii określi z góry perspektywy Eurojustu, który jest obecnie organem UE posiadającym najwyższe uprawnienia w dziedzinie postępowania karnego. - Przyjęcie bardziej spójnego podejścia do sankcji karnych, a także wzmocnienie przepisów proceduralnych i zapewnienie skuteczniejszej pomocy ofiarom przestępstw. - Wzmocnienie kompetencji proceduralnych Europolu i OLAF-u, które na tym etapie są zbyt ograniczone.

Utworzenie Prokuratury Europejskiej stanowić będzie wartość dodaną do prowadzenia paneuropejskiej polityki gospodarczej na wspólnym rynku, chroniąc interesy UE i obywateli europejskich. Wzmocni to bezpieczeństwo w UE, bez którego wolność obywateli nie może być zagwarantowana bez bezpieczeństwa. Doprowadzi to również do powstania kompetencji dzielonych między państwa członkowskie i UE na podstawie artykułu. 4 (2) (b) TFUE. Cele określone w przepisie artykułu. Artykuł 3 TUE - Unia zapewnia swoim obywatelom przestrzeń wolności, bezpieczeństwa i sprawiedliwości bez granic wewnętrznych, jak również zapobieganie i zwalczanie przestępczości.

W warunkach funkcjonowania Prokuratury Europejskiej wzmocniona zostanie rola organów na szczeblu europejskim - Europolu, Eurojustu, OLAF-u. Prokuratura Europejska przeprowadzi bardziej szczegółowe dochodzenie, a tym samym będzie pełniej chronić interesy finansowe UE. Realizowane będą zadania określone w programie sztokholmskim - odzyskiwanie mienia nabytego w wyniku działalności przestępczej oraz jego konfiskata. Środki pozyskane w drodze sprzeniewierzenia środków przez UE nie powinny być traktowane jako mniej znaczące niż środki pozyskane przez krajowe państwa członkowskie, z którymi doszło do ich nadużycia.

Chociaż w organicznej sferze terytorialnej, utworzenie Prokuratury Europejskiej z centralnym kierownictwem na szczeblu UE będzie stanowić wybitny krok naprzód, zarówno pod względem operacyjnym, jak i politycznym, mający na celu poprawę skuteczności i szybkości ścigania, a także poprawę ochrony interesów finansowych Unii oraz rozwój przestrzeni wolności, bezpieczeństwa i sprawiedliwości. Utworzeniu Prokuratury Europejskiej będą niewątpliwie towarzyszyć istotne zmiany w krajowych systemach prawnych i będą one wymagały gotowości państw członkowskich do sprawowania kontroli nad niektórymi kwestiami związanymi z suwerennością narodową.

Wizją Eurojustu w ramach przestrzeni wolności, bezpieczeństwa i sprawiedliwości jest rozwój i poprawa współpracy sądowej, koordynacji i wzajemnego zaufania w Unii Europejskiej w zakresie zwalczania poważnej zorganizowanej przestępczości transgranicznej i terroryzmu oraz zapewnienie poszanowania praworządności.

Jeśli chodzi o status OLAF-u w chwili obecnej, organ ten ma charakter mieszany: z jednej strony, organizacja ta ma uprawnienia do zwalczania nadużyć finansowych i innych ingerencji w interesy finansowe UE, najważniejszego podmiotu integrującego na świecie, a z drugiej strony - do przyczyniania się do zwalczania takich przestępstw w poszczególnych państwach członkowskich UE.

OLAF-owi powierza się uprawnienia proceduralne, które są wykonywane w ramach prowadzenia dochodzeń wewnętrznych i zewnętrznych, w szczególności podczas gromadzenia dowodów na popełnione przestępstwa wchodzące w zakres jego kompetencji.

Doświadczenie w zakresie tworzenia i funkcjonowania OLAF-u nie może być mechanicznie przenoszone na inne konsekwencje, ale wyżej wymienione cechy pozwalają nam mówić o dopuszczalności jego wykorzystania przy tworzeniu struktur, które zapewnią ochronę interesów finansowych struktur zintegrowanych, podobnych do Unii Europejskiej.

Chociaż OLAF jest głównym uczestnikiem na szczeblu UE w zwalczaniu nadużyć finansowych i nieprawidłowości, jego działania ograniczają się do dochodzeń administracyjnych i przedstawiania wyników organom krajowym, które mogą podjąć decyzję o niepodejmowaniu działań w obszarze prawa karnego.

W najbliższej przyszłości OLAF, jako jedyny administracyjny organ dochodzeniowy UE, którego zadaniem jest ochrona interesów finansowych UE, musi rozwinąć tę rolę i dostosować się do nowo utworzonej Prokuratury Europejskiej.

Konieczne jest również wyjaśnienie związku między postępowaniem administracyjnym i sądowym.

Pomyślne rozwiązanie tych kwestii doprowadzi do tego, że Unia Europejska będzie mogła zbudować rzeczywiście istniejącą i funkcjonującą wspólną politykę karną. Polityka ta powinna koncentrować się na potrzebach obywateli UE oraz na wymogach przestrzeni wolności, bezpieczeństwa i sprawiedliwości, przy jednoczesnym poszanowaniu zasady pomocniczości i uznaniu charakteru prawa karnego jako ostateczności. Zwiększy to zaufanie obywateli do uczciwości postępowania sądowego, zwłaszcza w odniesieniu do ochrony praw człowieka, w przypadku przybycia do innego państwa lub gdy obywatel stanie się ofiarą przestępstwa. Zwiększenie wzajemnego zaufania jest kluczowym warunkiem wstępnym dla wzajemnego uznawania przez państwa UE orzeczeń wydanych przez sądy zagraniczne. Aby osiągnąć ten cel, konieczne jest wprowadzenie minimalnych norm dotyczących sprawiedliwego procesu i realizacji praw ofiar przestępstw.

FSC
www.fsc.org
MIX
Papier | Fördert
gute Waldnutzung
FSC® C083411

Kolibri 360 GmbH
Ferdinand-Jühlke-Straße 7
99095 Erfurt, Deutschland
produktsicherheit@kolibri360.de

Druck:
CPI Druckdienstleistungen GmbH
im Auftrag der
Kolibri 360 GmbH
Ferdinand-Jühlke-Str. 7
99095 Erfurt